Des Trains
pas comme les autres

François Gall & Bernard d'Abrigeon

Des Trains pas comme les autres

Sélection du Reader's Digest

Canada
Le Canadien p. 73
Vancouver
Edmonton
Winnipeg
Toronto
Montréal
Chicago
New York
Washington
Salt Lake City
Denver
Las Vegas
Los Angeles
États-Unis
New York-Los Angeles p. 65
Chihuahua
Los Mochis
Mexique
Le Chihuahua al Pacífico p. 81
Angleterre, France
L'Eurostar p. 217
France, Italie
Le Venice Simplon-Orient-Express p. 209
Maroc
Tanger-Marrakech p. 45
Tanger
Casablanca
Marrakech
Zouerate
Nouadhibou
Mauritanie
Le train minéralier p. 53
Guayaquil
Ambato
Alausí
Riobamba
Équateur
Alausí-Guayaquil p. 89
L'autoferro p. 95
Machu Picchu
Cuzco
Puno
Pérou
Cuzco-Machu Picchu p. 99
Cuzco-Puno p. 105
Asunción
Paraguay
La locomotive à bois p. 111
La Polvorilla
Salta
Argentine
Le Train des nuages p. 113
La Trochita p. 119
El Maitén
Esquel

Russie
Le Transsibérien p. 185
Moscou
Iekaterinbourg
Novossibirsk
Irkoutsk
Vladivostok
Turquie
Istanbul-Kayseri p. 203
Istanbul
Ankara
Selçuk
Kayseri
Alep
Damas
Amman
Catane
cile (Italie)
cumetnea p. 215
Syrie, Jordanie
Damas-Alep-Amman p. 55
Pékin
Shanghai
Chine
Pékin-Shanghai p. 179
Tokyo
Osaka
Japon
Le Shinkansen p. 151
Birmanie
Rangoon-Mandalay p. 157
Delhi
Jaipur
Udaipur
Darjeeling
Calcutta
Mandalay
Rangoon
Hanoi
Inde
Le Train des maharadjahs p. 123
Le Royal Orient p. 132
Delhi-Calcutta p. 135
Le train de Darjeeling p. 140
Viêt Nam
Hanoi-Hô Chi Minh-Ville p. 163
Bangkok
Hô Chi Min-Ville
Djibouti
Dirédaoua
Addis-Abeba
Éthiopie, Djibouti
Le Djibouto-Éthiopien p. 29
Singapour, Thaïlande
L'Eastern & Oriental Express p. 143
Kuala Lumpur
Singapour
Brazzaville
Nairobi
Mombassa
Congo
e Congo-Océan p. 39
Kenya
Nairobi-Mombassa p. 23
Djakarta
Djogjakarta
Indonésie
Djakarta-Djogjakarta p. 173
Pretoria
Le Cap
Afrique du Sud
Le Train bleu et le Rovos p. 15
Kalgoorlie
Perth
Broken Hill
Adélaïde
Sydney
Australie
L'Indian Pacific p. 195

Des Trains pas comme les autres
est une publication de Sélection du Reader's Digest

Réalisation et production :
ARCHIPEL STUDIO
10, rue Louis-Bertrand
94200 Ivry-sur-Seine

Direction d'ouvrage :
JEAN-JACQUES BRISEBARRE

Création graphique :
THOMAS BRISEBARRE, PATRICK RIBASSIN

Édition :
THOMAS BRISEBARRE, JULIETTE NEVEUX

Secrétariat d'édition :
CÉLINE QUÉTIER, GENEVIÈVE LE DILOSKER

Avec la collaboration de l'équipe éditoriale
de Sélection du Reader's Digest

Direction éditoriale :
GÉRARD CHENUET

Responsable de l'ouvrage :
CHRISTINE DE COLOMBEL

Suivi éditorial :
BÉNÉDICTE ROBBE

Lecture-correction :
CATHERINE DECAYEUX, EMMANUELLE DUNOYER

ISBN : 2-7098-1380-7

Achevé d'imprimer : septembre 2002
Dépôt légal en France : octobre 2002
Dépôt légal en Belgique : D-2002-0621-93

Imprimé en Italie – *Printed in Italy*

Sommaire

1019

539

Préface

Né il y a maintenant plus d'un siècle et demi, le train n'a jamais cessé de passionner et de fasciner, et cela en dépit des progrès fulgurants réalisés ces dernières décennies par toute une série d'autres technologies, à première vue plus futuristes ou plus surprenantes. Il est même juste d'affirmer que les espoirs placés dans le renouveau du transport par rail n'ont jamais été aussi hauts, à l'exception peut-être de l'époque pionnière.

Le chemin de fer, longtemps associé à l'essor de l'industrialisation, aux conquêtes territoriales et à la diffusion du progrès économique et social sur les cinq continents, a gardé aujourd'hui encore tout son prestige. Il est plus qu'un moyen de transport efficace, permettant de répondre, comme l'automobile ou l'avion, à l'insatiable demande de mobilité de la société moderne, plus qu'un instrument utile pour se déplacer d'un point à un autre.

Avec son univers hautement coloré de locomotives, de voitures et de wagons, de gares, de rails et d'ouvrages d'art d'une impressionnante hardiesse, le chemin de fer symbolise de manière durable les échanges, les contacts, les rencontres, les passions, et on l'associe souvent à l'individualité et à la liberté. Le train, captif de ses rails, ce qui le rend si rassurant, n'a pourtant pas son pareil pour mettre en relation des espaces géographiques ô combien différents et réduire les frontières qui compartimentent la société humaine. Il suffit de songer à la littérature et au cinéma pour se convaincre que le train, système structuré et organisé par excellence, ouvre toutes les portes de l'imaginaire et du rêve.

Les chemins de fer du monde, sans contact physique bien souvent les uns avec les autres, ont en commun une profonde culture et un véritable langage. La famille mondiale des cheminots se reconnaît dans un ensemble de valeurs fortes : le sens de la responsabilité, l'obsession de la sécurité, la rigueur, la solidarité et la fraternité. Sans l'avoir jamais rencontré, le conducteur de train européen sait instantanément communiquer avec son homologue américain ; et il en est de même des constructeurs de ponts, des poseurs de voies, des responsables de la signalisation…

Au-delà de ce patrimoine partagé à l'échelle universelle, le train est aussi un formidable moyen d'accéder, de façon directe et parfois indiscrète, à ce que chaque région, chaque pays a de plus spécifique, de plus personnel, de plus inimitable. Comment en effet isoler le voyage en train de tout un environnement économique, social, culturel, parfois religieux ou tout simplement humain ? Le chemin de fer constitue un terrain d'observation privilégié et une des clefs les plus sûres pour découvrir les divers modèles de société du monde entier.

À cet égard, l'ouvrage *Des Trains pas comme les autres*, riche de l'immense expérience de ses auteurs et de leur connaissance en profondeur des chemins de fer du monde, démontre avec éclat comment les trains, et ceux qui les exploitent ou les habitent, sont peut-être le meilleur passeport pour comprendre, dans la diversité de leurs cultures et de leurs formes d'expression, le monde, la société, les hommes et les femmes qui nous entourent.

Philippe Roumeguère, directeur général de l'UIC
(Union internationale des chemins de fer)

Introduction

Voyager c'est choisir.

Choisir des pays, le soleil, les richesses culturelles, la nature, choisir la marche, le vélo, la voiture, l'avion, le train.

Nous avons choisi le train. Pourquoi ? Parce que le train additionne les avantages. L'avion est précis. Il nous conduit d'un point à un autre, mais sans fantaisie. Le ciel est infini, mais l'espace de la cabine où l'on est assis nous réduit à nos voisins. On peut à peine bouger en attendant le film ou le plateau-repas.

Le train, lui, est sans limites. Il est souplesse, il est fluidité. Il dévore un paysage que l'avion, obligatoirement, évite et oblitère. D'un horizon à l'autre, l'immensité change de relief et de couleurs : le soleil éclatant des rizières d'Indonésie, l'herbe frisée de gel des grandes plaines canadiennes, les volcans hautains du Pérou et tant d'autres lieux magnifiques.

À chaque arrêt nous quittent des voyageurs devenus familiers alors que montent et s'installent de nouveaux compagnons de voyage encore mystérieux. On se promène d'un wagon à l'autre, des premières aux troisièmes, du wagon-restaurant au wagon-bar, parfois même au wagon panoramique, haut perché, qui nous fait survoler le parcours.

On est en mouvance dans un univers sans attaches, un peu flottant, aux limites mal définies, qui satisfait en nous un ancestral instinct de nomade. Chez qui est-on ? Plus chez soi et pas encore chez un autre. On est entre parenthèses. On est ailleurs.

Toutes les classes sociales prennent le train, particulièrement les plus humbles. Des hommes et des femmes que les touristes, gavés de monuments historiques et de plages sécurisées, n'ont aucune chance de rencontrer et qui procurent un grand dépaysement : paysans hindous de la vallée du Gange, pèlerins bouddhistes de Birmanie, chercheurs d'or australiens, jeunes mariés congolais et leurs noces exubérantes... Sans

oublier les « madones des sleepings » qui attendent dans leurs compartiments vides, et les « beaux ténébreux » qui rôdent dans les couloirs. Le train est un paradis de surprises.

Ce livre couvre l'univers des chemins de fer. Le monde entier est présent. Europe, Asie, Afrique, Amérique, Océanie sont au rendez-vous. Et dans la même dynamique, tous les types de trains sont concernés, depuis le plus rapide des TGV, l'Eurostar qui, silencieux et douillet, relie Paris à Londres, jusqu'au « teuf-teuf » des Andes argentines, à la locomotive toussante et brinquebalante, sur laquelle le conducteur gourmand fait cuire des saucisses pour son déjeuner. Il y a des trains de luxe aussi mythiques que le Simplon-Orient-Express, qui nous dépose à Venise. Il y a également les quatrièmes classes, aux sévères bancs de bois, des omnibus du fin fond de la Chine.

Ce livre est une sorte de bilan de nos expériences. Il est né de notre passion pour les chemins de fer, déployée sur quinze ans de voyages au service du public de France 2 et des chaînes françaises et étrangères qui diffusent l'émission *Des Trains pas comme les autres*.

Nous nous enthousiasmons de voir et de découvrir, de connaître et de percevoir, et aussi de transmettre ce que nous avons vécu. C'est donc un ouvrage d'informations et de sensations.

Aimez-vous partir ? Si vous avez l'esprit au long cours, vous trouverez ici des idées pour choisir des lieux de dépaysement et de détente. En revanche, si vous ne pouvez que rêver de vous évader, il y a largement de quoi satisfaire vos attentes.

Et, avant de commencer votre lecture, soyez accueilli par cette formule classique qui, pour nous, garde une consonance magique : « Bon voyage ! »

François Gall & Bernard d'Abrigeon

AFRIQUE ET MOYEN-ORIENT

Le Train bleu et le Rovos

AFRIQUE DU SUD

Double page précédente : le Djibouto-Éthiopien.

Elle se nomme Bianca. Elle grince, elle tousse, elle s'époumone, elle crache tandis qu'on la nettoie, qu'on fait reluire ses cuivres. Cette locomotive à vapeur d'âge mûr, née en 1938 à l'usine Borsig de Glasgow, en Écosse, est d'une grande beauté. Elle a eu de la chance, sauvée in extremis de la ferraille en 1987 par la compagnie Rovos, qui organise le voyage que je m'apprête à faire vers le parc Kruger, une des grandes réserves d'animaux sauvages de l'Afrique. Bianca et son cortège de wagons attendent leurs voyageurs dans la gare de Pretoria, capitale de l'Afrique du Sud. Depuis mon arrivée, j'ai eu le temps de visiter la ville et j'ai été surpris : le centre-ville, résidence presque exclusive des Blancs jusqu'à la fin de l'apartheid, est désormais majoritairement peuplé par les Noirs. Les Blancs, eux, se sont déplacés en banlieue. Je soulève là une question qui se pose à toute personne arrivant dans ce pays après tant de conflits raciaux, tant de souffrances et de larmes : comment désigner ses interlocuteurs ?

Verres en cristal, couverts en argent, porcelaine fine, fleurs et rideaux chatoyants... Le wagon-restaurant du Rovos est digne des plus grands trains de luxe.

Au contact des Prétoriens, je comprends que l'on peut nommer les gens selon la couleur de leur peau, sans risquer de les vexer. On dit *Black* si c'est un Noir, *White* si c'est un Blanc, et *Coloured* (coloré) pour les Métis. Rien n'est péjoratif, c'est une désignation. Ce qui peut paraître choquant en Europe est banal ici.

Bianca, l'impressionnante locomotive à vapeur du Rovos, est sous pression. Le train s'apprête à partir.

Des stewards noirs, blancs et métis, parfaitement à l'aise entre eux, accueillent le long du train les voyageurs qui arrivent tranquillement en fin de matinée pour les aider à embarquer à bord du Rovos. Le départ est prévu à 11 heures, mais tout de suite on leur sert des coupes de champagne. C'est classique

Les Ndebeles sont une des nombreuses ethnies qui forment la population sud-africaine. Ils ont pour particularité d'orner leurs maisons de dessins géométriques aux couleurs vives.

dans l'univers des trains de luxe, tout comme cela l'est de servir le déjeuner une heure après le départ, le temps de s'être installé dans son compartiment. Quand tout le monde est à bord, Bianca s'énerve. Elle lance des jets de vapeur, pousse un hurlement strident, et le train part. On le nomme Pride of Africa, l'Orgueil de l'Afrique. On l'appelle aussi « ténacité », « acharnement », « passion ».

Soixante-huit passagers pour dix-neuf voitures, c'est dire qu'on a de la place. À bord du Rovos, pas de couchettes mais de vrais lits, douche et cabinet de toilette particuliers. Plusieurs suites présidentielles ont même une salle de bain, avec baignoire, ce qui est plutôt rare dans le monde des trains de luxe.

Mais d'où vient le mot Rovos, nom de la compagnie à qui appartient ce train ? Rovos est la contraction du nom de son propriétaire, Rohan Vos, qui, de bonne heure, a fait fortune en vendant des pièces détachées de voitures et de machines agricoles. Grand amateur de chemins de fer, il a mis quinze ans pour acheter un à un de vieux wagons et d'antiques locomotives.

Le wagon-bar se termine par un observatoire panoramique largement ouvert...

Le déjeuner est servi. Il y a des tables de quatre et des tables de deux, séparées par un couloir pour le service. Je m'installe au hasard à une table de deux. Un homme vient s'asseoir devant moi. Nous nous présentons. Il est Sud-Africain – comme le sont d'ailleurs les trois quarts des voyageurs – et ingénieur dans une mine de diamants. L'or est avec le diamant la richesse de l'Afrique du Sud. Sa mine produit 6 kg de diamants par semaine, c'est-à-dire 30 000 carats, dont 25 % seulement sont de qualité bijouterie. « C'est tout de même impressionnant, vous ne trouvez pas ? » affirme-t-il avec force. D'évidence, il faut que je sois de son avis. Puis il me fait la revue : l'Afrique du Sud produit 50 % de l'électricité de toute l'Afrique, 97 % du charbon, 90 % de l'acier, etc. Quant aux habitants, le pays compte 30 millions de Noirs, 5,5 millions de Blancs, 4 millions de Métis, et des communautés asiatiques d'origine indienne, malaise, chinoise… « C'est vraiment un pays arc-en-ciel » ajoute-t-il, très satisfait de cette image.

Le service est souple et rapide. On a le choix entre trois entrées, trois plats de viande ou de poisson, plusieurs desserts. Vins, alcools, thé, café à volonté, que ce soit au wagon-restaurant, au bar ou dans les cabines. On ne paie que les vins étrangers. Il faut dire que l'Afrique du Sud a une très vaste production vinicole, les vins blancs étant, à mon goût, bien meilleurs que les rouges.

Je passe mon après-midi dans le wagon-bar, qui se termine par un observatoire panoramique largement ouvert. On embrasse totalement le paysage. Il est tellement vaste qu'il donne une belle impression d'infini. C'est le veld, une étendue herbeuse coupée de bouquets d'arbres. Il fait frais, nous sommes sur un haut plateau à 1 500 m d'altitude.

Après le dîner, le train s'arrête pour la nuit. C'est une attention délicate. Notre sommeil échappera ainsi aux secousses, aux saccades, aux trépidations, aux crissements, aux grincements qui sont le lot commun de tous les trains. Comme nous ne repartons qu'à 8 heures le lendemain matin, nous pourrons jouir de la transformation du paysage au cours de cette traversée. Peu à peu la végétation change, elle devient tropicale : cactus et palmiers apparaissent. C'est signe que nous approchons de la côte de l'océan

Petit déjeuner dans le wagon-restaurant du Rovos. À travers les larges vitres, le paysage s'étend à perte de vue.

Indien. Des torrents dévalent des collines escarpées qui ouvrent l'immensité du Kruger National Park : nous avons atteint notre but.
Dans cette réserve de 20 000 km², on estime que vivent, protégés des prédateurs humains, 8 000 éléphants, 5 000 girafes, 2 000 lions, 100 000 antilopes… On habite dans les *lodges*, des hôtels de style rustique africain. Des guides, des pisteurs nous emmènent voir vivre les animaux sauvages en liberté. Très vite, la force de cette nature vierge nous réduit à notre véritable dimension : l'homme n'est-il pas, sur terre, qu'un invité de passage ? Le spectacle que nous offre ici la nature est tout simplement inoubliable.

Le Train de l'Union a été rebaptisé lorsqu'on a changé la couleur de sa livrée…

Tout aussi prestigieux que le Rovos, tout aussi luxueux est le Train bleu. Rovos et Train bleu sont concurrents sur la ligne Johannesburg-Le Cap, la colonne vertébrale du réseau ferroviaire sud-africain. Avant d'être le Train bleu, ce train s'appelait, lorsqu'il fut créé en 1923, Train de l'Union. Or, un jour, on a repeint ses wagons en un bleu profond. Il est donc devenu le Train bleu, tout simplement. Il compte 18 wagons et mesure 390 m de long. Le Cap, le grand port, la deuxième ville du pays, est notre destination, à 1 600 km au sud. Quatre-vingt-quatre voyageurs à bord. Un service de vingt-sept personnes. Parmi elles, Mark Becker, chef de compartiments. Je le connais. Dès que le train roule, je vais le saluer dans l'office du wagon dont il a la charge.
Mark a 39 ans, grand, athlétique. C'est un Métis, et son histoire est typique d'une Afrique du Sud en train de renaître. Il loue une petite maison et possède une voiture, ce qui n'est pas encore si courant pour des gens de sa condition. Sa femme, Cynthia, 38 ans, est une Noire. Ils ont cinq enfants. Le lien familial solide est, pour Mark et Cynthia, quasi héréditaire : il avait douze frères et sœurs, et Cynthia douze également. La religion les unit aussi très intimement ; luthériens, ce sont des pratiquants actifs et d'une grande rigueur morale : s'élever par l'effort, grandir par la compétence. Mark a commencé comme laveur de carreaux. Aujourd'hui, il apprend en même temps le français et l'allemand. Son but : devenir chef de train. Ce qui est étonnant, ce n'est pas tellement

La vigne fut introduite au XVIIIe siècle par des huguenots qui fuyaient la France. Leurs descendants produisent encore aujourd'hui les vins fins d'Afrique du Sud. À droite, des vignobles au pied de la montagne de la Table.

cette conduite édifiante, cette âpreté à réussir, mais le bouleversement politique de ce pays qui a connu si longtemps un boycott international. Au temps de l'apartheid, l'avenir de Mark se limitait à la position, alors méprisée, de laveur de carreaux. Aujourd'hui, une classe moyenne teintée et respectée est en train de naître…

La décoration luxueuse et confortable du wagon-bar du Train bleu, comme celle du reste du train, est inspirée de l'Orient-Express.

Le train roule. Je passe d'un wagon à l'autre. Le style général est très inspiré du premier des trains de luxe jamais créé, le fameux Orient-Express : marqueterie de loupe d'orme, épaisses moquettes, fauteuils club, vitres gravées d'arabesques et de fleurs, lourde argenterie, cristaux… L'Orient-Express, par sa réussite prestigieuse, a marqué ses successeurs. Pour les repas, quatre services au choix : déjeuner à 12 heures ou à 14 heures, dîner à 19 heures ou à 21 heures. Comme dans le Rovos, les vins et les alcools sud-africains sont gratuits. Le petit déjeuner est servi à partir de 7 heures. C'est un buffet, mais on sert aussi à table des plats chauds : œufs, saucisses, côtelettes, haddock…

La ville du Cap, dominée par la montagne de la Table (ci-dessus), abrite de nombreuses rues aux maisons de style victorien (ci-dessous).

Le matin suivant, nous approchons de notre destination, la ville du Cap. Alors que nous venons de traverser de hauts plateaux herbeux et de longues étendues désertiques, le paysage devient surprenant : des vignes à perte de vue ! Suis-je en Afrique ? Je me croirais dans le Bordelais. Nous traversons en fait Franschoek, une région vinicole surnommée le Coin des Français, à une cinquantaine de kilomètres du Cap. En 1688, des huguenots, chassés par la révocation de l'édit de Nantes, s'y installèrent et plantèrent de la vigne. Leurs descendants, qui sont à l'origine du vignoble sud-africain, se nomment Dutoit, Joubert, Devillier, Terre-Blanche… La région est doucement vallonnée avec des fermes crépies à la chaux sur les collines.

Le Train de l'Union est devenu le Train bleu lorsque ses wagons ont été repeints.

Puis apparaît au loin un immense plateau rocheux, une falaise que l'on nomme la Table et qui domine la ville. Bientôt, nous arrivons au Cap, savant mélange de styles et de populations, l'une des rares grandes cités d'Afrique du Sud qui soient encore paisibles.

À l'extrémité de la ville, le cap de Bonne-Espérance dresse sa pointe rocheuse escarpée. Le vent fort et glacé me cingle le visage. Droit devant moi, l'Antarctique.

Mais c'est là une autre aventure…

BLOUTREIN·BLUE TRAIN

Nairobi-Mombassa

KENYA

Évidemment, lorsque l'on lit « Kenya », on ne pense pas immédiatement au train, mais aux grands espaces d'une terre restée vierge jusqu'à l'arrivée du plus grand des prédateurs : l'homme blanc.
Cependant, avant d'atteindre ces étendues mythiques où se côtoient dans la savane tous les grands animaux sortis de nos rêves d'enfant – éléphants, girafes, lions, rhinocéros, hippopotames, guépards, buffles, antilopes... –, il faut partir de la capitale, Nairobi, fruit de la construction de la principale ligne des chemins de fer du pays, inaugurée le 30 mars 1896.

Si le train Nairobi-Mombassa a perdu un peu du lustre qui fut le sien au temps de Karen Blixen, il a cependant conservé une partie de sa magie.

Nairobi naquit presque par hasard, en 1889, alors que le Kenya était sous protectorat britannique, de la décision d'un chef de chantier de chemin de fer : celui-ci avait entreprit d'installer un atelier de construction pour les terrassiers et les poseurs de rails de la ligne qui devait relier l'Ouganda à Mombassa afin de désenclaver le Kenya. Le chef de

La construction de la ligne qui devait relier l'Ouganda à la côte kényane, à la fin du XIXe siècle, est à l'origine de la création de Nairobi.

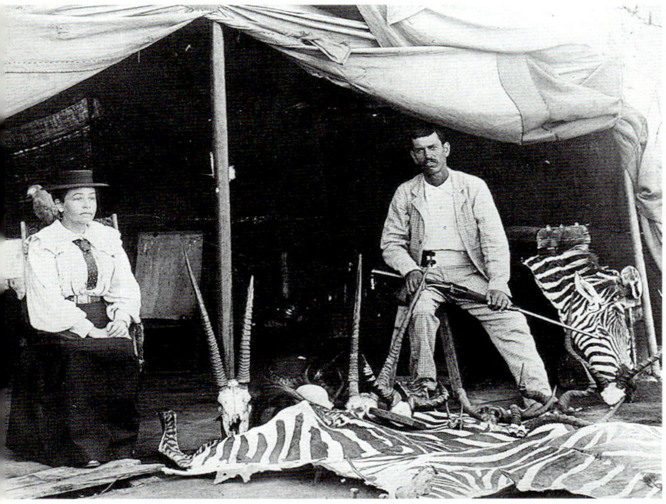

Les chasseurs d'aujourd'hui sont heureusement devenus des chasseurs d'images. Ces zèbres qui s'abreuvent en toute quiétude à un point d'eau ne risquent plus d'être transformés en descente de lit.

chantier choisit un no man's land des hautes terres du Kenya, à 1 660 m d'altitude, situé sur le tracé prévu de la ligne. Pour mener à terme ce projet, on fit venir des Indiens, d'autres sujets de l'Empire britannique. Le no man's land devenait petit à petit une véritable ville : Nairobi était née.

La colonisation musclée des Anglais fit de Nairobi la capitale d'un pays paisible. Les luttes tribales étaient mises entre parenthèses. La *pax colonica* régnait entre les ethnies d'Afrique. Cet équilibre, aussi artificiel fût-il, dura jusqu'en 1953, date de la grande révolte des Mau-Mau, menée par Jomo Kenyata. Au bout de dix ans de lutte, le 20 décembre 1963, les Anglais plièrent bagage.

Aujourd'hui, l'influence britannique, toujours présente, se manifeste au premier coup d'œil dans le centre-ville : jardins publics ordonnancés, taxis et cabines téléphoniques d'un Londres d'une autre époque, collégiens et collégiennes en uniforme, prêcheurs dans les squares comme à Hyde Park... Mais Nairobi n'est plus la ville tranquille d'autrefois. Le Kenya détient le record du monde de la natalité et double sa population tous les vingt ans !

C'est en quittant la capitale que l'on retrouve l'Afrique rêvée autrefois par les Européens. La ferme d'*Out of Africa*, dont elle est le symbole, demeure telle que l'a laissée Karen Blixen en 1931. Depuis 1913, elle y vivait entourée de ses serviteurs kikuyus et des travailleurs de sa plantation de café. Et c'est dans les plaines alentour que l'on peut voir, à la

Une des premières locomotives à vapeur en circulation sur la ligne Nairobi-Mombassa, au début du XXe siècle.

tombée du jour, les animaux se rassemblant autour des mares : troupeaux de zèbres, antilopes, kobs defassa et phacochères boivent à satiété, sans se préoccuper de la présence des uns et des autres. Quelques lionnes à l'écart, à demi assoupies, s'occupent de leurs lionceaux.

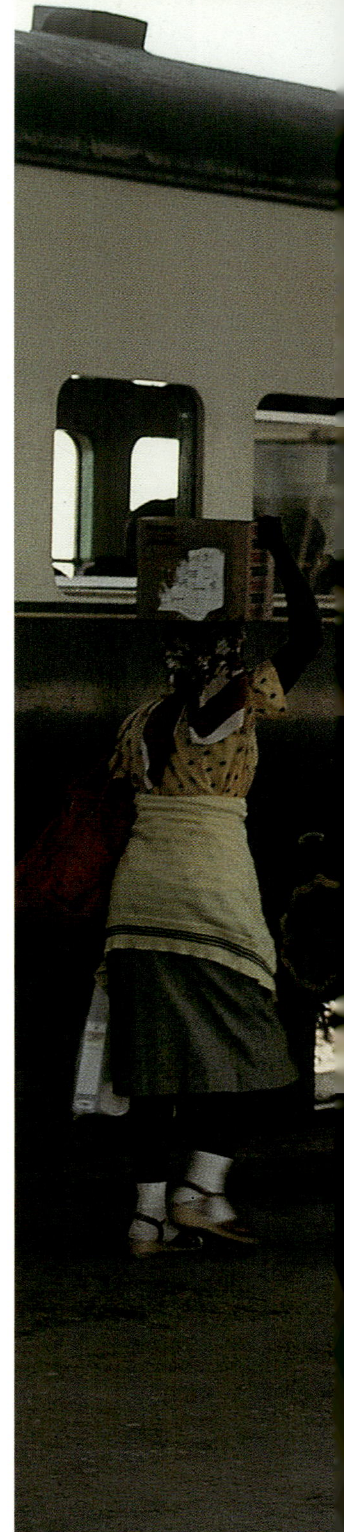

Bercé par le bruit du train, je rêve du pays béni que je viens de visiter...

Mais il est temps de quitter Nairobi pour Mombassa. La gare n'a guère changé depuis le départ des Anglais. Les quais sont submergés de voyageurs européens et de commerçantes africaines encombrées de leurs volumineux ballots. À 17 heures, heure rituelle du thé, une fois le train en marche, les élégants et les élégantes gagneront à pas mesurés le wagon-bar de première classe où, sur des nappes blanches damassées et légèrement amidonnées, un thé de Darjeeling ou un Orange Pekoe leur sera servi dans de délicates tasses de porcelaine pendant que, dans les couloirs de troisième classe, les vendeurs ambulants se fraieront avec difficulté un chemin pour vendre shampoing et peignes, lingerie et jouets bricolés.

Le Kenya, royaume des animaux, réserve des rencontres insolites qui marquent parfois les esprits pour longtemps.

Le train roule. Dans la lumière du soir, les plantations de sisal, alignées comme à la parade, défilent. Bercé par le bruit du train, je rêve du pays béni que je viens de visiter, des sommets enneigés du Kilimandjaro et du mont Kenya, du lac Nakuru et de ses dizaines de milliers de flamants roses, de lionnes somnolentes et des derniers rhinocéros blancs, de mes jours passés dans les réserves de Tsavo et de Masaï-Mara, de mes nuits dans des campements que n'auraient pas désavoués Karen Blixen ou Rudyard Kipling. Les bruits stridents ou étouffés, les croassements lointains, les frôlements rapprochés, les rugissements et les cavalcades indistinctes ponctuent mon demi-sommeil.

Avant de rouvrir les yeux, j'ébauche un léger sourire au souvenir de cet éléphant qui, sans avoir reçu de bristol, avait cru devoir s'inviter au petit déjeuner servi sous les arbres géants de notre campement. Amusés d'abord, puis pris d'une certaine inquiétude à mesure qu'il approchait, nous nous étions tous réfugiés derrière les arbres, aban-

donnant en hâte tables, nappes immaculées, théières de Wedgwood, petites cuillères argentées, sucriers précieux et croissants délicieux dont se régala notre pachyderme.

Le train entre en gare de Mombassa, me réveillant un peu trop brutalement à mon goût. Il me restait à rêver que je m'étais allongé sur le sable chaud pour écouter le clapotement des vagues, que j'avais voyagé en ballon au lever du jour au-dessus de la réserve de Masaï-Mara pour regarder les troupeaux d'éléphants paisibles, les gazelles graciles et les babouins inquiétants et chapardeurs.

Je sors de ma torpeur et, me frottant les yeux, me demande si, au fond, il ne vaudrait pas mieux vivre au pays des animaux qu'au pays des hommes…

Le train est à quai, en gare de Nairobi, à l'heure très matinale où les premiers voyageurs commencent à s'installer.

À gauche : serviettes et nappes amidonnées, fauteuils en cuir dans le wagon-restaurant du Nairobi-Mombassa au début du XXe siècle.

Le Djibouto-Éthiopien

ÉTHIOPIE, RÉPUBLIQUE DE DJIBOUTI

Une chose est sûre. Il faut être un peu intrépide et sans aucun doute patient pour être un voyageur en Éthiopie. La patience commence sur le quai de la gare d'Addis-Abeba. Nous avons rendez-vous avec le train, mais le train n'a pas rendez-vous avec nous. Et nous en sommes avertis par une pancarte ainsi rédigée « Ce jour [un blanc], le train voyageur [un blanc] est en retard de [un blanc]. » L'attente est tellement habituelle qu'on ne se donne même pas la peine de préciser la nature et la durée du retard ! D'ailleurs, qui pourrait lire cet écriteau ? Personne, pour la bonne raison qu'il est écrit en français. Et personne ne parle français, ou presque. Surréaliste ? Pas tout à fait.

En effet, les seuls à parler français sont des cheminots. Pourquoi ? Eh bien, la ligne ferroviaire a été créée par des Français. Son intitulé est éloquent, c'est le « chemin de fer djibouto-éthiopien ». Il date de 1930, temps où Djibouti était une colonie française, et les notices techniques du matériel restant sont toujours rédigées dans notre langue. On peut voir d'autres écriteaux en français : « Chef de gare », « Chef de gare adjoint », « Caissier spécial »...

Donc nous attendons, comme tout le monde. Et ils sont nombreux sur le quai à attendre, un peu somnolents, comme nous, dans la chaleur. Hommes nonchalants, femmes très belles, longilignes, dans des drapés colorés, enfants sagement assis sur des baluchons. Le temps passe. De guerre lasse, nous sortons de la gare, et là, sur l'esplanade, une nouvelle surprise s'offre à nous : des joueurs de pétanque, comme dans une ville provençale, et leurs célèbres expressions : « Vas-y ! tire ! », « Non, pointe, il est trop près, le cochonnet ! » Nous demandons aux joueurs où ils ont appris le français. « Pour certains, au lycée français d'Addis, pour d'autres, à l'Alliance française à Dirédaoua, vous savez, sur la ligne en direction de Djibouti. »

Les femmes éthiopiennes aux silhouettes élancées seront avec leurs enfants les compagnes souriantes de notre voyage.

La ligne ferroviaire a été créée par les Français et, aujourd'hui encore, les écriteaux en témoignent : « Inspecteur chef de gare », « Chef de gare adjoint », « Caissier spécial », « Facteur-chef, renseignements »...

Donc, à première vue, rien à voir avec les images préétablies que nous avions en arrivant. Mais, au cours de la visite de cette ville aérée qu'est Addis, notre jugement va s'éclaircir, se préciser.

Des enfants et des vieillards faméliques ? Pas en ce moment, mais il y en eut, victimes de l'impéritie des hommes et de leurs calculs politiques. Et pas seulement ici en ville, mais aussi dans les campagnes riches et agréables plus au nord. Mauvaise gouvernance, transports de population et terreur ont conduit à ce désastre humain resté gravé dans nos mémoires. Et pourtant, la ville semble paisible aujourd'hui. L'air y est pur. Nous sommes à 2 400 m d'altitude et il n'y a pas d'industries, pas de transports en commun, peu de voitures individuelles. De ce fait, il y a des encombrements… de piétons ! Tout le monde ou presque marche à pied dans les rues et sur les routes. Hommes, femmes, enfants, bœufs, chèvres, moutons avancent en silence. Au loin, le son triste d'une cloche retentit comme pour rappeler que la moitié des Éthiopiens sont des chrétiens coptes, les autres étant musulmans (40 %) ou animistes (10 %), principalement au sud, près du Kenya. Au beau milieu d'un carrefour, un terre-plein herbeux fait les délices d'un troupeau d'ânes.

Après dix-sept heures de voyage et 474 km parcourus, le train arrive en gare de Dirédaoua.

Dans chaque wagon, un militaire au gilet kaki, assis, une kalachnikov entre les jambes…

De retour à la gare, nous allons nous renseigner sur l'arrivée de notre train. En fait il est déjà là ! La locomotive est une Decauville et la plaque rivée sur la contremarche nous donne son extrait de naissance. Elle est née en 1954 à Corbeil, près de Paris. Nous cherchons notre wagon. Non, ce n'est pas celui-ci, une troisième classe aux sièges en bois pas très confortables. Ah ! c'est celui-là, une deuxième classe à peine différente de la précédente, dont le seul confort est d'être moins encombrée. Le point commun de tous ces wagons est une forte odeur d'urine… Mais on finit par s'y habituer. Toute aventure a un prix. Et pour ce prix-là, tant de découvertes nous attendent. Non, ce n'est pas très cher payé.

Dans chaque wagon, un militaire au gilet kaki, assis, tient une kalachnikov entre ses jambes. D'autres, plus inquiétants, monteront dans la nuit,

un passe-montagne sur la tête, une ceinture de grenades à la taille, et tireront quelques rafales hasardeuses après avoir entendu, comme nous d'ailleurs, des gens courir sur le toit du train en marche… à petite vitesse toutefois. Un dernier grincement de freins, le train s'arrête dans un hoquet. Nous arrivons à Dirédaoua, après avoir parcouru 474 km en dix-sept heures. Une petite moyenne, toute petite même, moins de 28 km/h. Mais maintenant il faut bien sortir du wagon. Ce n'est pas simple : les portes sont bloquées. Qu'à cela ne tienne, tout le monde va sortir par les fenêtres, dont les vitres, par chance, ont depuis longtemps disparu. Les jeunes filles, plus rapides et plus agiles, sont les premières à sortir. Tout cela dans un grand rire. La gaieté n'est jamais totalement absente de ce pays si souvent meurtri.

Si les voyageurs entrent dans les wagons par les portes, c'est souvent par les fenêtres qu'ils en sortent, quand l'affluence est grande ou que les portes restent bloquées…

Double page suivante : à l'intérieur du train, les voyageurs s'entassent tant bien que mal sur des banquettes inconfortables.

Le marché et les rues de Harar n'ont guère changé depuis l'époque où Rimbaud y exerçait ses activités de trafiquant.

Du buffet de la gare de Dirédaoua sort une délicate odeur de café. Le café, c'est une institution et une cérémonie en Éthiopie. D'ailleurs il est né ici, en l'an 850 paraît-il, fut transporté jusqu'au port de Moka, au Yémen, et a mis huit cents ans pour arriver jusqu'à nous.

Il serait dommage de reprendre le train tout de suite, nous attendrons le prochain. Un vieux bus rafistolé nous conduira à Harar, où plane encore le souvenir d'Arthur Rimbaud.

La ville a gardé les senteurs et le charme qu'elle devait avoir à la fin du XIXe siècle : des maisons de commerce, basses, longues et opulentes, à un étage, dont les portes-fenêtres débouchent sur un large balcon, comme celle d'Arthur Rimbaud – qui fut employé de commerce occasionnel et trafiquant d'armes notoire –, avec sa façade de couleurs vives. Dans les rues en terre battue règne un parfum d'épices entêtant.

Le marché, avec ses innombrables et minuscules échoppes d'artisans, menuisiers, étameurs, fabricants de cordes, est tout proche. Des jeunes filles faussement réservées, au sourire fugace et aux vêtements vermillon, vert amande et bleu soutenu s'arrêtent pour admirer quelque colifichet de fortune.

À Harar, la partie du marché la plus dense est celle réservée au khat, une plante dont les feuilles sont mâchées avec délice dans cette région du monde. Peut-on dire que le khat est une drogue, un stupéfiant ? Sans doute. C'est aussi un coupe-faim. Son commerce est libre et représente une source de profits importante pour le pays. Le khat est surtout de tradition dans les terres islamiques de la corne de l'Afrique, mais les coptes commencent eux aussi à la mâcher.

Tombant du minaret, l'appel à la prière retentit, harmonieux et superbement modulé. Nous sommes près de la Somalie, en terre musulmane, loin des terres chrétiennes du Nord-Est, des sublimes églises, de la cathédrale Saint-Georges, creusée d'un seul bloc au IVe siècle au sommet du rocher, et de ses prêtres vêtus de coton blanc, au turban immaculé et aux rites étranges. Ces terres à elles seules méritent un autre voyage.

À Lalibela, la cathédrale Saint-Georges a été taillée d'un seul bloc dans le rocher par les chrétiens coptes (page ci-contre, en bas). Lors des grandes fêtes religieuses (page ci-contre, en haut), une foule immense vient se masser au sommet du rocher pour écouter les liturgies entonnées par les prêtres. Ci-dessus, une icône de saint Georges représentative de la tradition picturale éthiopienne.

La rumeur court : le train n'a pas pu freiner à temps et a écrasé une vache...

Dans le train qui nous emmène à Djibouti, presque tous, autour de nous, mâchent ou, comme ils disent, broutent le khat, en silence.

Je me penche à la fenêtre ; la chaleur est torride maintenant. Nous traversons un désert de sable et de gravier. Les seuls jalons sont des carcasses de tôle, derniers témoins d'une guerre aujourd'hui oubliée.

Il nous reste 311 km à parcourir pour atteindre Djibouti. On n'est pas arrivés. On passe le temps à imiter d'autres voyageurs en mâchant de l'orge grillée vendue à la pièce, de même que les cigarettes, par des marchands ambulants. Et quand on a fini de mâcher de l'orge grillée, on mâchouille de la canne à sucre…

Tout à coup, le wagon dans lequel nous sommes est si secoué que nous perdons l'équilibre. La rumeur court : le train n'a pas pu freiner à temps et a écrasé une vache. Il ne s'arrête pas pour autant et continue sa lente progression vers Djibouti.

Nous voici enfin arrivés. Gare de Djibouti, capitale de la république du même nom – autrefois Côte française des Somalis puis Territoire français des Afars et des Issas –, aujourd'hui principale base militaire française en Afrique. Cette ville coloniale assoupie à l'entrée de la mer Rouge marque le terme de notre voyage.

On ne saurait s'y arrêter sans se rendre sur le lac Assal, un des lieux les plus extraordinaires du monde, certainement aussi l'un des plus inhospitaliers. Le lac Assal est situé à 155 m au-dessous du niveau de la mer. En fait, on l'appelle la Banquise. C'en est une, bien qu'elle ne soit pas faite de glace (encore qu'elle en ait la blancheur immaculée), mais de sel. Elle est entourée de rochers. Pas une plante, pas une herbe, pas un arbre, pas le moindre signe de vie à des kilomètres à la ronde. Pas d'ombre évidemment. La chaleur y est insupportable. C'est sans doute l'endroit le plus chaud du monde. Il faut, à la limite de la suffocation, attendre le soir pour voir une grande caravane de dromadaires, une dizaine de chameliers marchant à leur côté. Ils viennent ramasser du sel. Après avoir attaqué la couche salée de 8 m d'épaisseur, ils en rempliront des sacs de 25 kg pour les vendre en Éthiopie. *Ils*, ce sont les

Le marché de Djibouti (en bas à droite) est entièrement approvisionné par les fruits et légumes qui arrivent d'Éthiopie en train et en camion.

Danakils (ou Afars), guerriers farouches et redoutés, qui cependant font montre de grande sensibilité lorsque, après des heures de travail, ils chantent autour d'un feu de bois – entre jour et nuit, la différence de température est saisissante – la reconnaissance qu'ils ont à l'égard de leurs dromadaires. Ils vanteront leur inlassable courage quotidien, la douceur de leur regard en des chants d'une rare beauté, gravant dans nos cœurs le souvenir de cet inoubliable voyage.

Une caravane de sel menée par les Danakils sur la banquise du lac Assal, un désert de sel brûlant à plus de 150 m au-dessous du niveau de la mer.

Le Congo-Océan

CONGO

Gare de Brazzaville, 6 heures du matin. Le soleil est déjà haut sous l'équateur. Ce train prêt à partir, c'est le fameux Congo-Océan, qui relie la capitale à Pointe-Noire, sur l'Atlantique.

Il y a beaucoup de monde sur les quais, les voyageurs et bien sûr leurs familles, formant une foule gaie et bruyante comme partout en Afrique. Les voyageurs, parlons-en : il y a ceux qui sont assis ou debout à l'intérieur, assis ou debout sur la locomotive, assis ou debout sur les wagons, assis ou debout sur les marchepieds… Il y a bien la police du train qui intervient de temps en temps, mais que faire pour discipliner, ne serait-ce qu'un peu, une foule aussi dense, volubile et bon enfant ?

Le vrai patron du train, ce jour-là, c'est Clotaire Kimbolo, le conducteur. Il essaie lui aussi de mettre un peu d'ordre, mais comment pourrait-il y parvenir ? Pourtant, Clotaire est connu des habitués du train, les cheminots comme les usagers. C'est non seulement un cheminot respecté, mais aussi un auteur-compositeur-interprète de chansons populaires à succès. Il est trop connu, et trop gentil peut-être, pour être entendu par tous ces voyageurs indisciplinés.

Loin du souvenir tragique de la construction de la ligne du Congo-Océan, le voyage en train de Brazzaville jusqu'à Pointe-Noire est émaillé de visages d'enfants.

Clotaire est un enfant du chemin de fer. Il est né et a passé sa jeunesse au bord de la voie. Il a été bercé par le bruit du train. « Le *tacatac* des roues sur les rails, dit-il, c'est de la musique. » C'est ainsi que sont nées ses deux vocations, celle de cheminot et celle de musicien. Les rythmes du train lui dictent ses mélodies ; les paroles, elles, sont inspirées par le voyage, les voyageurs, les cheminots, les vendeurs ambulants sur les quais, les mécaniciens dans les dépôts. Clotaire a tant de talent qu'il arrive à faire

chanter, danser et rire avec des paroles dans lesquelles il est question de pompe à injection, de pompe à huile, de jauge à gazole et d'interrupteur anormal. Le soir, après son travail sur le Congo-Océan, il troque son bleu de chauffe contre un smoking pour chanter au grand hôtel international, face à l'embarcadère pour Kinshasa, la capitale du gigantesque Congo voisin, l'ex-Zaïre.

Pour relier Brazzaville à l'Atlantique, il fallait traverser le terrifiant massif du Mayombe...

Le fleuve Congo fut exploré dans sa totalité au XIXe siècle par Savorgnan de Brazza, au service de la France, et par l'Anglais John Stanley, pour le compte du roi des Belges Léopold II. Alors que Stanley suivait le cours principal du fleuve, Savorgnan de Brazza remontait le cours de l'Ogooué puis explorait la rive droite du fleuve Congo. En 1880, de Brazza passa un traité de protectorat avec un roi téké, qui déboucha, en 1891, sur la création de la colonie du Congo français.

Très vite, l'idée de construire une ligne de chemin de fer sur la partie française du Congo est avancée, d'autant plus qu'au-delà de Brazzaville, en direction de l'embouchure, le fleuve, jusque-là paisible, devient furieux en une suite de chutes, de rapides et de cataractes géantes. Mais le premier coup de pioche n'est donné qu'en 1923, et la ligne du Congo-Océan ne sera ouverte au trafic que sept ans plus tard, le 1er juin 1934.

Pour relier Brazzaville à l'océan Atlantique, entre 1923 et 1934, il a fallu creuser la voie dans le terrible massif du Mayombe et sa forêt primaire. Les mauvaises conditions de travail et les maladies endémiques ont provoqué la mort de près de 20 000 travailleurs africains.

Mais pour en arriver là, quelle hécatombe ! Les estimations les plus faibles font état de 18 000 à 20 000 morts. Pour relier Brazzaville à l'Atlantique, il fallait en effet traverser sur 83 km le terrifiant massif du Mayombe et sa forêt vierge, vaincre la roche friable et, pour beaucoup, mourir ensevelis dans ses flancs. Très peu échapperont à la maladie du sommeil, au paludisme, à la dysenterie. André Gide et Albert Londres dénonceront avec force le sort fait aux malheureux contraints de travailler sur ces chantiers et rendront compte de la fuite des populations devant le travail forcé.

Et puis, les Français n'avaient pas tenu compte du monde invisible, omniprésent dans l'univers culturel africain. On avait négligé de faire des offrandes à Mami Watta, déesse des eaux et maîtresse du Mayombe, avant de traverser son domaine. Alors, pour se venger, elle s'acharnait à

détruire la nuit ce que les hommes construisaient le jour : tunnels écroulés, viaducs effondrés ; jusqu'à ce qu'enfin, pour calmer sa colère, on lui présente des excuses et qu'on lui fasse les offrandes et les sacrifices qu'elle exigeait. Ainsi, tout rentrait dans l'ordre.
Mais à la terreur de l'univers magique avaient succédé les épidémies. Pour suppléer à une mortalité foudroyante, on enrôla à leur tour des populations lointaines du Sahel. Les Saras, par exemple, peuple nomade, furent convoyés depuis le Tchad sec et désertique jusqu'au Mayombe, la forêt la plus humide d'Afrique. Comme tant d'autres, ils moururent en nombre, victimes des fièvres et du serpent noir N'Douma, mais aussi à cause du bouleversement de leurs habitudes climatiques et culturelles et de la séparation d'avec leurs familles, restées au pays. Ceux qui ne mouraient pas d'accident ou de maladie mouraient de langueur. Puis il y avait, du lever du jour à la tombée de la nuit, le travail harassant : creuser à la pioche, transporter les rails Decauville et les pesants matériaux de la société de construction des Batignolles.

Notre train express est bloqué sur une voie de déviation. Nous n'avons pas le « bâton pilote »...

Puis, un jour, les souffrances s'arrêtèrent. Ce jour-là, la rutilante locomotive à vapeur Koppel entra en gare sous les vivats et salua la foule à grands jets de vapeur et à grand renfort de puissants sifflements.
Aujourd'hui, plus personne ne nie la nécessité pour le Congo de posséder le Congo-Océan ! Mais fallait-il que la construction de sa voie s'accompagne d'une telle hécatombe humaine ? Ensevelis dans les entrelacs putrides de la forêt du Mayombe, les gémissements étouffés des victimes de cette tragédie sont aujourd'hui couverts par les rires des enfants qui accompagnent en courant l'entrée du train en gare. Les voyageurs s'extraient des wagons, des toits, de la locomotive, la plupart du temps dans la bonne humeur. Seul un parachutiste à béret rouge interpelle vivement Clotaire Kimbolo et son assistant : « Comment se fait-il que j'aie dû voyager sur le toit alors que j'avais payé ma place assise ? — Il faut vous adresser au chef de gare ! — Je l'ai fait mais c'est à vous que je m'adresse. » Clotaire répond par un sourire et, devant

l'insistance hilare de voyageurs qui scandent : « Une chanson, une chanson ! », entame un refrain à la mode, sous les rires et les bravos.

Au fond, on a le temps… Notre train express est bloqué sur une voie de déviation. Nous n'avons pas le « bâton pilote ». Celui qui le possède a la priorité. C'est aujourd'hui encore le cas du rapide. Lui mettra moins de douze heures pour relier Brazzaville à Pointe-Noire, au lieu des dix-huit heures ou plus qui nous attendent. Mais la notion du temps est relative. Il y a le temps cosmique, le temps administratif, le temps africain, le temps occidental qui nous fait toujours courir, nous autres Européens. « Courir après quoi ? » demandent en riant les Congolais. Eux dont la tradition orale leur permet de se souvenir qu'au siècle dernier, sur la piste caravanière, les explorateurs se frayant à grand-peine un chemin dans le chaos boueux de la forêt hostile et obscure n'avançaient guère que de 200 m par jour !

Au sortir de la forêt humide du Mayombe, avant l'arrivée à Pointe-Noire, le train traverse les paysages secs de la savane congolaise.

Dans les petites gares du parcours, des commerces improvisés sont installés pour les passagers du Congo-Océan.

2

Tanger-Marrakech

MAROC

Ira-t-on un jour à pied sec de l'Europe au Maroc ? Et plus sûrement par le train ? Je me pose la question alors que je me promène sur les hauteurs de Tanger. Devant moi, au-delà de l'étroit bras de mer, j'aperçois nettement la côte espagnole et ses maisons blanches que seuls 14 km séparent du Maroc. Alors pourquoi ne pas creuser un tunnel ? On y pense sérieusement. D'ailleurs, les plans sont faits : une voie ferrée doublée d'une galerie de service ; des trains portant des voitures. La circulation prévue est de 1 900 000 véhicules par an et de 4 millions de voyageurs. Techniquement, ces plans sont tout à fait réalisables. Mais il faut un financement international, et c'est là que commencent les difficultés.

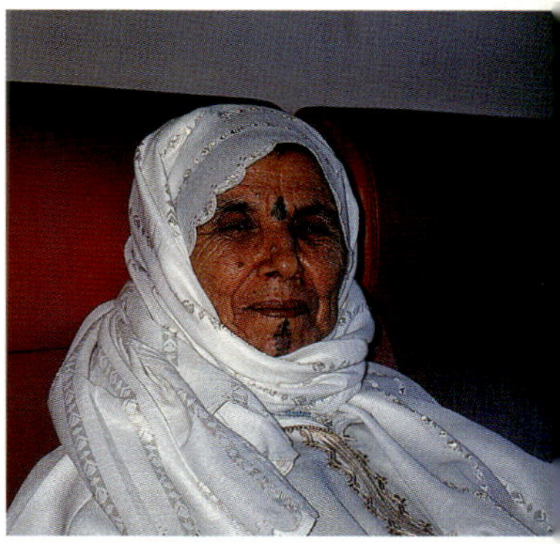

Une voyageuse arborant le voile et des peintures au henné. Le Maroc oscille entre tradition et modernité.

Un train « ordinaire » marocain, c'est-à-dire sans air conditionné, sur la ligne Tanger-Marrakech. Le réseau marocain, relativement petit si on le rapporte à la taille du pays, est bien entretenu et ses trains sont confortables.

La construction d'une telle ligne serait un progrès considérable pour le Maroc, qui souhaite tellement être associé à l'Europe. À long terme, ce pays deviendrait la plaque tournante d'un vaste système ferroviaire intégré à tout le Maghreb, le Moyen-Orient, et même l'Afrique noire. On peut toujours rêver ! Mais le tunnel sous la Manche nous a prouvé que les utopies nées de longue date peuvent un jour devenir réalité.

En attendant ce grand jour, je m'en vais flâner à la gare ferroviaire et maritime des ferries qui relient le Maroc à l'Espagne, et même à Sète, dans le sud de la France. Ce sont de grands bateaux blancs magnifiques qui déversent véhicules – dont beaucoup de camions – et passagers. Les trains attendent à quelques mètres. J'observe l'activité des douaniers : ils sont méticuleux, sévères. Ils détaillent le bric-à-brac que les travailleurs marocains émigrés rapportent au pays. Discussions sans fin. Gesticulations.

Double page suivante : passage d'un viaduc à la sortie de la ville de Meknès. À la richesse agricole s'ajoute un développement industriel important.

Je quitte Tanger. Direction Casablanca. Le train est classique et les wagons d'un honnête réseau de banlieue sont bien entretenus. Ici, on

كاديم

classe les rames selon deux dénominations, les « trains nobles », à air conditionné, et les « trains ordinaires », qui ne le sont pas. Pour chacun de ces trains, il y a deux classes, première et seconde. Je suis assis dans un ordinaire wagon de seconde classe, sans foule, sans bousculade. Pendant tout le voyage, le paysage est plaisant. Le soleil baigne de ses rayons une terre ardemment cultivée où orangeraies et oliveraies se succèdent jusqu'à Casablanca, où je dois prendre ma correspondance pour Rabat.

La gare de Casablanca est le grand carrefour ferroviaire du Maroc. À gauche, arrivée en gare du train venant de Tanger. À droite, train en partance pour Rabat, capitale du pays.

La grande attraction de la ville est la mosquée Hassan-II, un superbe édifice couvert de marbre blanc...

Casablanca et son agglomération comptent près de trois millions et demi d'habitants. La cité n'est pas loin de ressembler à une ville française, en particulier son centre, riche de nombreux édifices Arts déco : places et avenues plantées d'arbres, rues aérées, quartiers piétonniers, nombreux cafés. J'y trouve difficilement une table en terrasse. Il n'y a que des hommes. Je m'étonne. Un voisin m'explique dans un français parfait qu'une femme attablée à un café serait très mal vue. Très peu de femmes sont voilées au Maroc, mais la tradition religieuse demeure.
La grande attraction de la ville est la mosquée Hassan-II, un superbe édifice couvert de marbre blanc, au minaret grandiose, construit au bord de l'océan. C'est le monument des superlatifs. Il additionne les records : la plus grande mosquée du monde peut accueillir quelque 80 000 fidèles. Elle contiendrait la pyramide de Kheops, la tour de Pise, Notre-Dame de Paris et la place de la Concorde réunies. Elle fut réalisée par souscription nationale : 13 millions de donateurs, 50 millions d'heures de travail, 5 ans jour et nuit, 10 000 artisans... L'intérieur est immense. Ces dimensions extraordinaires semblent a priori peu propices au recueillement ; cependant, les jeux subtils de clairs-obscurs cloisonnant l'espace invitent à la méditation et à la prière.

La mosquée Hassan-II, à Casablanca, est une synthèse de l'art islamique dans sa résonance marocaine. Son minaret est plus haut que la pyramide de Kheops.

Je retrouve la gare pour prendre le train qui doit me mener à Rabat, la capitale. Et ce n'est pas n'importe quel train, c'est la vedette du pays. Il pousse des pointes à 160 km/h. On le surnomme Aouita par tendresse et par fierté, en référence à Saïd Aouita, le Marocain le plus rapide de la planète, champion du monde des 1 500, 2 000, 5 000 m et du double mille. Une cinquantaine de trains parcourent chaque jour les 100 km qui séparent les deux villes : plus qu'une liaison, c'est une navette.
Je connais bien le conducteur de la motrice, Ibrahim Zitouni. Ce géant de 43 ans est très musclé et très fort. Il ne quitterait son travail pour rien au monde : il conduit au maximum quatre heures puis se repose au minimum huit heures, pour un salaire très correct, le triple du SMIC local. Lors d'un précédent voyage, il m'avait invité chez lui, à Fès, un authentique geste d'amitié dans un pays où l'on est très jaloux de son intimité. C'était l'occasion idéale de visiter l'une des cinq villes impériales du Maroc. Ville magique, Fès la Vieille, la ville d'autrefois devenue un quartier populaire depuis le développement de la Nouvelle Fès, est un fleuve de maisons, de mosquées, de caravansérails lovés dans le creux d'une vallée. Mon ami habite un véritable palais au loyer peu élevé. En effet, les

riches Marocains préfèrent vivre dans les villas banales de la Nouvelle Fès. « Cela fait plus moderne », disent-ils. De Rabat, je monte dans le train qui va maintenant m'emmener à Marrakech, l'importante ville du Sud. Cette traversée est pour moi l'occasion d'en apprendre un peu plus sur les chemins de fer marocains. Ils sont pratiquement nés avec le XXe siècle, à la grande époque des appétits coloniaux européens. En 1908, les Espagnols, qui occupent l'extrême nord du pays, construisent une ligne Ceuta-Tétouan en voie étroite. Puis les Français, ayant imposé un protectorat depuis 1912, commencent les travaux de la ligne Tanger-Fès en voie classique. Mais sa construction, ralentie par la Grande Guerre, ne sera achevée qu'en 1927. Le réseau se développera ensuite de manière régulière, aidé en cela par une politique d'électrification qui commence dès 1927 et couvre aujourd'hui 52 % d'un réseau de 1 907 km, le reste étant à traction Diesel.

En tout, 14 millions de voyageurs empruntent chaque année les lignes de chemins de fer marocaines.

Je flâne dans le souk, ce lieu inextricable de ruelles et de venelles, royaume des petits métiers...

Un ksar au pied de l'Atlas. Les ksour, forteresses généralement en terre, protégeaient autrefois les villages des incursions des nomades du désert.

Je débarque à Marrakech, surpris par le contraste éblouissant des couleurs. La ville s'étale dans une vaste plaine. Le bleu intense du ciel et le blanc des maisons tranchent avec le rouge sombre de la terre et les nuances de vert de la palmeraie. Au fond, les sommets enneigés des montagnes de l'Atlas étincellent sous un grand soleil. Le spectacle est grandiose.

La vie de la cité tourne autour de la place Djema'a el-Fna. Le matin, elle accueille un gigantesque marché de fruits et de légumes et, là aussi, les couleurs explosent en myriades de verts, de gris, de roses, d'orangés et de violets... L'après-midi, la place devient une foire où l'on retrouve pêle-mêle fripes, quincaillerie, restaurants, jongleurs, avaleurs de sabres, cracheurs de feu... Citadins, paysans, touristes, chameliers et badauds béats d'admiration s'y croisent, formant une foule compacte et bigarrée.

Je flâne dans le souk, ce lieu inextricable de ruelles et de venelles, royaume des petits métiers. Je déambule des heures dans les échoppes ouvertes, sans jamais revenir sur mes pas, à observer le savoir-

L'univers nomade, qui chaque jour se réduit un peu plus, conserve inchangées sa tradition d'hospitalité et sa poésie.

faire des artisans : ébénistes, tanneurs, jusqu'à des fabricants de peignes en corne faits à la main.

Je souhaiterais partir à la rencontre des nomades au-delà de l'Atlas. Mais là où commence le désert, il n'y a pas de chemin de fer. La ligne s'arrête à Marrakech. C'est donc en voiture que j'atteins le campement de deux familles, les Faska et les Ahmed. Cette vingtaine de personnes m'accueille amicalement. Il faut savoir que si l'univers nomade est immense, la population est rare, clairsemée, et le sol pauvre en eau et en cultures agricoles. De cet isolement naît un sentiment de solidarité immédiate que les nomades savent partager avec tous leurs visiteurs. Lorsque j'arrive, l'un d'eux me propose, selon leur rite, trois thés verts avec le commentaire d'usage : « Le premier thé est amer comme la vie, le deuxième suave comme la mort, le troisième doux comme l'amour. » À la tradition d'hospitalité des nomades s'ajoute la force d'une poésie profonde.

Ces deux familles vivent sous des tentes en poil de chèvre. Leur richesse se résume à la possession de chameaux et de moutons. Les femmes tissent des tapis et fabriquent des bijoux que les hommes vendent sur les marchés des villes. Ils transportent du sel et des colis d'oasis en oasis.

Demain, me disent-ils, ils lèveront le campement pour aller s'installer ailleurs. Pour eux, le mouvement est joie, le malheur naît de l'immobilité. Puisse l'avenir leur conserver encore longtemps cette ouverture à l'espace infini qui s'appelle aussi liberté !

Le train minéralier de Mauritanie

Le train le plus long du monde ne transporte pas de voyageurs… ou si peu. C'est un convoi minéralier. Les passagers n'y sont que des invités. Il roule en Mauritanie, ce pays entièrement désertique au sud du Maroc, dont la richesse dominante est le minerai de fer. Le train parcourt 700 km depuis le complexe minier de Zouerate jusqu'au port de Nouadhibou. Voir passer un minéralier est une expérience unique. Je l'ai compris lorsque, ayant planté ma tente de campeur solitaire au pied d'une dune, je fus saisi par un gigantesque grondement. J'eus l'impression que la Terre explosait. Et le convoi apparut derrière les amoncellements de sable dans un rugissement infernal mêlé de sifflements et de craquements. Et ça n'en finissait pas… Celui qui est venu dans le désert chercher la solitude dans le silence le plus pur a de quoi avoir une attaque ! Les motrices sont de couleur bleu et blanc. Quand il y en a deux, le train compte 110 wagons, trois, il en a 160, quatre, jusqu'à 210. De cette façon, le convoi peut atteindre 2,5 km de long. Ces locomotives sont des diesels General Motors de 3 300 CV. Les wagons portent une charge utile de 84 tonnes. S'y ajoute une dizaine de voitures différentes pour le service : des wagons plats pour le matériel de forage, des citernes et un ou deux wagons rustiques, aux bancs de bois, pour les voyageurs éventuels. Les cadres de la mine, eux, voyagent en avion. L'écartement est classique, 1 435 cm, et la durée du trajet est de 18 heures. Trois trains pleins et trois trains vides par jour. Le grand problème de la ligne, c'est le sable et les tornades de vent qui le soulèvent parfois pendant des jours. En fait, le sable est indomptable. Il s'infiltre dans les machines, recouvre les voies, détériore les aiguillages, use les rails. Six bases d'entretien s'échelonnent donc sur le trajet, responsables chacune d'un « canton » d'une centaine de kilomètres. Le gisement de Zouerate est un immense chantier d'activité de 25 km de long sur 12 de large. Il est raboté en larges gradins par les dents d'acier des pelles mécaniques. Des convoyeurs, d'énormes camions le sillonnent. Le gisement, qui compte des dizaines de millions de tonnes de minerai, est une véritable ruche d'où sortent des kilomètres de wagons qui vont assourdir de leurs chevauchées tempétueuses le désert mauritanien que l'on croyait si calme…

Damas-Alep-Amman

SYRIE-JORDANIE

Dans le train qui nous éloigne de Damas, certains voyageurs passent le temps en fumant le narguilé.

À Damas, capitale de la Syrie, dès le premier regard, le spectacle de la rue donne le ton. Dans ce pays musulman, les femmes peuvent s'habiller comme elles le souhaitent. Ici, robes longues, foulards islamiques, jeans moulants, jupes courtes... Tout est permis. Il règne en Syrie un climat de tolérance, tout comme en Jordanie.

La mosquée des Omeyyades, qui date du VIIe siècle, règne sur la vieille ville. Avec ses mosaïques de verre coloré, elle est un des sommets de l'art islamique Au-delà de cet esthétisme superbe, elle affirme un réel œcuménisme : elle renferme une relique chrétienne très précieuse, la tête de saint Jean-Baptiste. Et c'est par l'un de ses minarets que Jésus descendra sur terre le jour du Jugement dernier. Les habitants de Damas en sont convaincus.

À côté de la mosquée, le café Nofara est presque une légende. Depuis plus de deux siècles, chaque soir, à 17 heures, on éteint la télévision pour laisser un conteur parler d'épopées. Il dit les princesses enlevées,

Quelques trains syriens sont encore tractés par des locomotives à vapeur, telle cette Hartman qui fonctionne depuis 1906. Sans doute un record de longévité.

Outre les découvertes des richesses archéologiques de la Syrie, le train permet des rencontres privilégiées avec la population locale.

les amours trahies, les généraux félons, la fidélité et la traîtrise. Il brandit un sabre, mime duels et combats. Il hurle de colère ou de joie. L'auditoire est subjugué. Je serais bien resté à l'écouter, lui qui nous fait revivre le temps des *Mille et Une Nuits*. Mais je dois rejoindre la gare. Un train m'attend.

Je quitte Damas pour Alep, la grande cité du Nord. Le contrôle commence sur le quai, car on ne peut monter en voiture sans présenter son billet.

Les chemins de fer syriens ont une histoire compliquée. Ils furent financés par les Turcs, les Français, les Anglais puis les Italiens. Au début du XIXe siècle, toutes les puissances occidentales convoitaient la Syrie, placée sous mandat français en 1920. Depuis l'indépendance du pays, en 1941, les chemins de fer ont été nationalisés. Ils comptent 2 423 km de voies en excellent état.

Pour le voyageur, l'intérêt principal est le souk d'Alep, renommé dans tout le Moyen-Orient...

Le trajet vers Alep est émaillé d'arrêts et de détours pour visiter des lieux fabuleux. Je ne veux pas manquer les principaux.

Tout d'abord le krak des Chevaliers, une forteresse, intacte, qui date des croisades. Elle est constituée de deux enceintes de pierre de taille, de 19 tours, de 7 ponts-levis, d'un aqueduc, de 28 citernes. C'était une machine de guerre pour protéger les pèlerins en route vers Jérusalem. Le krak est imposant, grandiose. « Prier, protéger, combattre, mourir » était la devise des moines-soldats qui l'occupaient.

Passé la petite ville de Hama, je m'arrête à Apamée, une ruine romaine à l'immense colonnade – près de 2 km de long – qui a vu passer Cléopâtre l'Égyptienne, Hannibal le Carthaginois et plusieurs empereurs. Elle a compté jusqu'à 500 000 habitants ; c'est dire l'étendue du site, sa richesse.

Après avoir parcouru quelque 300 km depuis Damas, me voici arrivé à Alep, la deuxième ville de Syrie. Elle jalouse Damas et rivalise avec elle. Et Damas le lui rend bien. Une constante émulation anime les deux cités.

Pour le voyageur, l'intérêt principal est le souk d'Alep, renommé dans tout le Moyen-Orient pour sa beauté architecturale. Ce souk est une

véritable ville à l'intérieur de la ville, fait d'un entrelacs de ruelles voûtées qui se ramifient et se confondent depuis le XIIe siècle. Tout y est diversité, fluidité, couleur et imagination… On y trouve tout, par quartiers distincts, de celui des casseroles et de la bonneterie à celui des légumes, des épices et de l'or. Là se rencontrent les Bédouins avec leurs trois ou quatre femmes voilées de noir. Les Bédouins aiment l'or. La totalité de leurs ressources y passe. Ils thésaurisent en bijoux contre les hasards de la vie et ce sont les femmes qui gardent le trésor familial.

Dans la ville, à côté des mosquées, je découvre de nombreuses églises. En fait, il existe neuf schismes chrétiens au Moyen-Orient. Cela tient aux sombres querelles théologiques des Ve et VIe siècle, qui multiplièrent les dogmes, les liturgies, les communautés.

À une soixantaine de kilomètres, au nord-ouest d'Alep, je viste les « villes mortes », les ruines de villes chrétiennes abandonnées dès le

Le kiosque érigé dans la cour de la mosquée des Omeyyades, à Damas, renfermait autrefois le trésor.

À gauche : sur le trajet qui nous mène à Alep se dresse l'impressionnante silhouette du krak des Chevaliers, construit au XIIe siècle par les croisés.

IXe siècle. Dans une basilique démantelée, on célèbre encore saint Siméon le Stylite. Cette dénomination étrange est le fruit d'une histoire étonnante. Au début du IVe siècle, Siméon, fils de berger devenu un mystique exalté, décida, par pénitence, de s'installer en haut d'une colonne de pierre de 18 m de haut – ce qui lui valut la désignation de stylite, terme dérivé des mots grecs *stulos* (colonne) et *stulites* (qui se tient debout). Il y vécut trente-sept ans, sans jamais en descendre, nourri par les fidèles, prêchant, maudissant le diable, prodiguant des conseils. Il y mourut et fut rapidement sanctifié. La chrétienté de l'époque était imaginative et ardente.

À la frontière syro-jordanienne, changement de locomotive...

Je pars retrouver mon train. Direction le sud, vers la Jordanie. Notre destination est Amman. Je passe une grande partie du voyage dans la cabine du conducteur, Mader al-Din. Dès que nous roulons, cet homme de 40 ans m'offre du café qu'il élabore sur un minuscule réchaud. Ce n'est pas simple. Il moud les grains très finement. Il passe cette poudre dans de l'eau et y ajoute du sucre glace. Une fois le café bouilli, il le verse dans des tasses mais il faut encore attendre que le marc se dépose au fond.

Le paysage n'est pas très pittoresque. C'est un terrain plat agrémenté de vergers d'oliviers et de pistachiers. Lorsqu'il y a une ferme, un village, et donc de l'eau, émergent des jardins potagers et quelques arbres. En fait, la bande fertile est étroite, le désert est proche et menaçant.

À la frontière syro-jordanienne, il nous faut changer de locomotive. Nous dépendons maintenant de la Compagnie des chemins de fer du Hedjaz. Le nom à lui seul a des résonances historiques fabuleuses. Cette ligne fut construite par les Turcs lorsqu'ils dominaient le Moyen-Orient. Elle devait se terminer à La Mecque, la ville sainte des musulmans. En fait, elle s'arrêta à Médine, et fut, pendant la Première Guerre mondiale, le principal théâtre d'opérations du célèbre aventurier anglais Lawrence d'Arabie. En effet, Thomas Edward, dit Lawrence d'Arabie, prit comme base les déserts de Syrie et de Jordanie. Ce décor sévère, sinon lugubre, mais aussi de

En haut : au nord d'Alep se trouvent les ruines de la basilique dédiée à saint Siméon, qui passa les trente-sept dernières années de sa vie en haut d'une colonne, sans jamais en descendre.

La petite ville de Maaloula, située à une cinquantaine de kilomètres de la capitale syrienne, est l'un des trois endroits au monde où l'on pratique encore l'araméen, la langue de Jésus-Christ.

dimension et de silence cosmiques, séduisit l'âme exaltée de celui qui rêvait de créer un vaste empire arabe. De là, il réunit des bandes de Bédouins et attaqua. Sa ligne de mire était le chemin de fer : il s'agissait d'isoler les garnisons turques pour les anéantir. Il fit donc sauter les voies et attaqua les trains.

Près de Hama se dressent les ruines de la monumentale cité d'Apamée, ancien foyer commercial et culturel de l'Empire romain, avec sa grande avenue bordée de près de 200 colonnes.

Nous arrivons à Amman, capitale du royaume de Jordanie. La ville est encore jeune. En 1920, ce n'était qu'un village. Mais son environnement recèle tout un passé biblique souvent ignoré : c'est dans cette région que Jésus se retira pour passer quarante jours de méditation dans le désert avant sa passion. Je pars voir le mont Nébo – à trois quarts d'heure de voiture d'Amman – qui domine la Palestine. J'y arrive de nuit par temps clair : j'ai la chance de voir les lueurs des lumières de Jérusalem. C'est ici que mourut Moïse. Il avait conduit le peuple élu jusqu'à l'orée du pays de Canaan. Selon les Écritures, Dieu ne lui permit pas d'aller plus loin. Sa récompense était au ciel, et non pas de s'installer en Terre promise.

Un peu plus loin, dans la vallée, non loin de la mer Morte – où j'ai flotté sans avoir à nager à cause de la très forte concentration de sel –, se trouve Béthanie, lieu où le Christ aurait été baptisé. C'est un simple

Les trains populaires de Syrie et de Jordanie semblent tout droit surgis du passé. Les plus pittoresques ont conservé des wagons de bois et des locomotives hors d'âge.

repli de terrain où coule un ruisseau qui se jette dans le Jourdain. Le lieu du baptême est encore un mystère pour les historiens, car certains le placent en Israël. Mais les Jordaniens que je rencontre sont formels. Pas de doute, c'est ici !

Je continue à descendre vers le Sud. D'Amman, un train me mènera à Ma'an. Je ne veux pas manquer Pétra – à quelques heures à l'ouest de Ma'an –, le royaume oublié des Nabatéens. Pétra était l'étape incontournable des caravanes venant de l'Arabie Heureuse, transportant l'or, l'encens et la myrrhe. Dévastée par un tremblement de terre, elle fut abandonnée au VIIIe siècle. Pétra est un ensemble de sépultures creusées dans les falaises, décorées de bas-reliefs. L'entrée des ruines est un goulet de 1 km de long et 100 m de profondeur taillé dans le roc par les eaux d'un torrent. Ce passage étroit débouche sur un cirque de montagnes, où s'ouvrent d'immenses tombeaux aux façades de palais royaux. C'est vide. C'est silencieux. C'est insolite. C'est grandiose.

Les tombeaux creusés dans ces impressionnantes falaises restent les derniers témoins du temps où Pétra était encore une puissante oasis sur le chemin des caravanes.

Insolite aussi est le désert du Wadi Rom, proche de Pétra, frontière avec Israël et l'Arabie Saoudite. Le Wadi Rom est parcouru par les Royal Beduin Forces qui chassent les contrebandiers et les immigrés clandestins. Cette phalange de 2 000 hommes, uniquement composée de Bédouins, est montée sur des dromadaires de course harnachés pour la fête. Ces splendides guerriers aux uniformes soignés, aux cartouchières en bandoulière, vont leur chemin, par groupe de six ou huit, maîtres de l'espace, présents et perdus dans l'immensité.

Avant de repartir, je lance un dernier regard vers ces seigneurs solitaires, derniers grands témoins de la poésie épique...

Les membres des Royal Beduin Forces en patrouille dans le désert du Wadi Rom.

المؤسسة العامة
الحديدي الحجازي

AMÉRIQUE

trak
Superliner
Car

New York-Los Angeles

ÉTATS-UNIS

Double page précédente : le Train des nuages, en Argentine.

Nous avons décidé de traverser les États-Unis d'est en ouest, en train bien sûr ! Notre séjour à New York vient de se terminer, il va falloir nous rendre à Washington car c'est de là que part le train pour la grande traversée, en direction de Los Angeles ou San Francisco. Nous voici donc dans la gare principale de New York, à Grand Central Terminal.

Qui ne connaît Grand Central ? Construite en 1913, elle a servi de décor à tant de films, vu sous ses voûtes Art déco tant de stars et de milliardaires, assisté à tant de départs et de séparations, de joies et de tragédies ! Elle est là, fière, telle qu'elle émerge de nos souvenirs, avec ses milliers de gens pressés qui se croisent et s'entrecroisent, ses cireurs de chaussures, juchés comme jadis sur des estrades et leurs repose-pieds en cuivre étincelant… Mais il est 7 heures et le Metroliner nous attend.

Embarquement à bord de l'impressionnant train Amtrak à deux étages, à Union Station, la gare de Washington. Le train va nous conduire jusqu'à Los Angeles, de l'autre côté du continent.

Le Metroliner est l'un des trains les plus rapides et les plus fréquents des États-Unis. De 6 heures à 20 heures, un train part toutes les quinze minutes pour Washington. Un voyage en Metroliner est moins cher que l'avion, ce qui est rare dans un pays qui a choisi de miser sur le développement des lignes aériennes aux dépens de celui du chemin de fer.

Le train a pourtant très largement contribué à l'essor et à la puissance des États-Unis. Il a même joué un rôle considérable dans le lent processus qui a conduit à l'unification : le 10 mai 1869, devant les artisans de la conquête de l'Ouest émus et enthousiasmés, la jonction des chemins de fer de l'Est et de l'Ouest, à Promontory, dans l'Utah, a scellé l'union des États. Par la même occasion, elle a aidé

La gare de Grand Central, à New York, est une ruche où se pressent chaque jour des milliers de voyageurs en partance pour la capitale.

à parachever le travail de deuil commencé après la guerre de Sécession qui, de 1861 à 1865, a déchiré le pays, endeuillé les familles et ruiné les États. Le chemin de fer fut ainsi le grand artisan de la disparition des frontières Est-Ouest, officiellement abolies en 1890. Jusqu'en 1941, avant l'entrée en guerre des États-Unis, l'effort ferroviaire sera soutenu. Mais au sortir de la guerre, l'investissement se portera sur la construction des autoroutes et des aéroports, délaissant le train. Même si l'État intervient, en 1970, pour sauver ce qui reste du trafic voyageurs et créer l'Amtrak (qu'on peut traduire par « voie ferrée américaine »), seules les grandes lignes sont conservées.

Nous voici arrivés à Union Station, la gare de Washington, avec ses immenses baies et son hall gigantesque...

Le Metroliner, un train en métal chromé aux lignes carrées, est parti et nous roulons en direction de Washington. Notre vitesse moyenne est de 120 km/h. Nous allons donc parcourir les 366 km qui séparent New York de Washington, via Philadelphie, en un peu plus de trois heures.

Le trajet est presque une formalité : le temps d'aller faire un petit tout au bar, de jeter quelques coups d'œil aux plaines fertiles, aux paysages de mer et de montagnes, de baies et de campagnes verdoyantes du Maryland, et nous voici arrivés à Union Station, la gare de Washington. Union Station est un monument extraordinaire construit en 1907 et inspiré par les thermes de Dioclétien à Rome. Elle est magnifique, cette gare, avec ses immenses baies arrondies, ses boutiques luxueuses et son hall gigantesque. Et dire qu'on a bien failli la détruire en 1967 pour construire des bureaux. Elle a été sauvée de justesse par quelques riches citoyens éclairés. Aux États-Unis, on a très vite compris qu'il ne fallait pas limiter les gares à leur seule fonction utilitaire. Lieu de passage ou d'attente, la gare est ici naturellement devenue un lieu de commerce.

Nous nous dirigeons vers notre train en fendant une foule débonnaire. On ne peut guère définir un style vestimentaire caractérisant cette foule, tout le monde s'habille comme bon lui semble et cela ne va pas sans un certain laisser-aller. D'énormes enfants suçotent d'énormes glaces qu'ici on nomme, comme pour minimiser, *frozen Yoghurt*, yaourt glacé. Glacé certes ! Mais yaourt... ?

Le Metroliner, l'un des rares trains relativement rapides aux États-Unis, relie New York à Washington avec un départ tous les quarts d'heure.

Le 10 mai 1869 est la date historique de la jonction des chemins de fer de l'Est et de l'Ouest, à Promontory, dans l'Utah.

Notre train est lui aussi énorme. Il est à deux étages, et quels étages ! Ils sont larges, vastes et imposants, presque démesurés ! Le personnel de bord prend son service. Son uniforme impeccable rappelle ceux de nos commandants de bord ou de nos hôtesses de l'air. L'un des employés vient vers nous, il est sympathique et affable. Il s'appelle Richard, il gagne manifestement bien sa vie, 4 000 dollars par mois, nous dit-il. Il compte prendre sa retraite le plus tard possible. Aux États-Unis, il n'y a pas de limite légale. Ses horaires de travail : soixante-dix-neuf heures en six jours puis six jours de repos. Il a quatre semaines de vacances par an. Nous entrons dans la voiture Pullman, la classe la plus simple. Elle est très confortable, les assises sont larges, les dossiers inclinables et un grand espace entre les rangées de sièges permet d'allonger les jambes. Il faut bien cela pour un si long voyage, parcouru à 70 km/h de moyenne. Le train offre aussi un wagon-restaurant, un wagon-bar et trois types de wagons-couchettes, selon que l'on voyage seul, à deux ou à quatre personnes. Pour ceux qui voyagent assis, les trois repas sont inclus dans le prix du billet, à l'exception des boissons.

Du paysage plat que nous voyons défiler à travers les fenêtres du train surgissent des fermes peintes de couleurs vives, des hameaux impeccablement entretenus, beaucoup de petits aéroclubs et d'avions personnels. Il est vrai que les distances sont grandes et que l'Amérique est riche.

Notre train s'approche maintenant de Chicago, plaque tournante du réseau ferroviaire américain. Au loin se profilent les impressionnantes silhouettes des gratte-ciel. Nous distinguons la Sears Tower, dont Richard nous précise qu'elle fut longtemps la plus haute tour du monde, avec ses 443 m. Selon lui, 16 000 personnes y travaillent. Nous croisons ensuite le Loop, le métro aérien qui fait une boucle autour du centre-ville, découvrant au passage le décor, ancré dans notre imaginaire, qui fut celui d'Al Capone et des incorruptibles du FBI, de la prohibition et des bootleggers.

Notre lente arrivée nous a permis d'admirer une partie des splendeurs de l'architecture moderne que compte la ville, avant l'arrêt en gare de Chicago. Malheureusement, le temps manque pour profiter pleinement du contraste harmonieux qu'offrent les hautes colonnades et les superbes verrières du XIXe siècle d'Union Station. Notre correspondance pour la côte Ouest nous attend.

Un arrêt encore et surgit du désert Salt Lake City, où l'austérité mormone a trouvé sa capitale...

Nous voici partis pour trois jours et trois nuits de voyage. C'est le temps qu'il faut pour rejoindre Los Angeles sur la côte pacifique, via Denver, dans le Colorado, Salt Lake City, la rigoriste cité des mormons, et Las Vegas la débauchée, capitale étourdissante du jeu.

Mais pour l'instant, nous nous sommes installés dans le wagon panoramique avec ses deux rangées de fauteuils tournés vers l'extérieur de chaque côté d'une allée centrale. Doté d'impressionantes baies vitrées, il offre une superbe vue sur le défilé des montagnes Rocheuses qui se présente devant nous.

L'arrêt à Denver n'interrompt qu'un instant la rêverie. Le Colorado porte bien son nom : il est coloré de tant de nuances à la fois fortes et subtiles qui réjouissent le regard. Rochers et rivières d'eau pure

passent devant nous à pas de sénateur. L'éternité n'a pas de hâte. Un arrêt encore et surgit du désert Salt Lake City, où l'austérité mormone a trouvé sa capitale. Pour ses détracteurs, la ville de Salt Lake City est le berceau d'une secte, notamment à cause des pratiques polygames, devenues aujourd'hui illégales, que les mormons considèrent comme un enseignement du Christ. Pour ses fidèles, elle abrite une Église.

La famille est, selon eux, constituée pour l'éternité, même dans l'au-delà. C'est ce qui explique la création d'une gigantesque bibliothèque généalogique alimentée par des informations, parfois très anciennes, recueillies aux quatre coins de la planète : des renseignements sur le lignage de plus de 1,5 milliard d'individus, disponibles sur microfilms ou sur informatique et consultables par tous. On imagine l'utilisation qui pourrait en être faite… Au-delà de cent ans, tout est légalement à

Le train traverse Chicago, véritable temple et musée en mouvement de l'architecture moderne. C'est l'occasion de croiser le Loop (à gauche), le célèbre métro qui fait une boucle autour du centre-ville.

Le wagon panoramique, avec ses deux rangées de fauteuils tournés vers l'extérieur, offre une vue exceptionnelle sur les paysages que nous traversons.

la disposition de tous, du Bénin au Japon en passant par la France. C'est ainsi qu'on peut voir, entre autres, le « recensement des naissances à Nancy de 1807 à 1817 ». L'état civil français est déjà archivé à près de 40 %.

À travers les vitres du train défile un autre monde fait de sable, de pierres et de cactus...

Notre prochaine étape est aux antipodes de Salt Lake City : Las Vegas, capitale du jeu, ville immorale dédiée à l'argent roi, trône elle aussi au beau milieu du désert. Dans cette nouvelle Sodome, tout est artificiel ou implanté, des palmiers importés aux rochers en stuc. Admirable ou repoussante, Las Vegas est un monde en réduction où l'on passe de la tour Eiffel aux pyramides en changeant simplement de trottoir. Rome est là aussi, ou du moins son succédané ; le monde entier, ou du moins sa caricature, est à portée de main et de porte-monnaie. Le bruit assourdissant des pièces tombant dans les seaux après le jackpot recouvre facilement la détresse des perdants. Ville de tous les excès, Las Vegas irrite ou fascine.

La nature reprend ses droits dès la sortie de la ville. À travers les vitres du train défile un autre monde fait de sable, de pierres et de cactus, vrais cette fois. La plupart des voyageurs qui nous ont rejoints à Las Vegas, victimes de leurs nuits blanches passées à jouer, sont plongés dans le

sommeil. À leur réveil, ce sera Los Angeles, mégapole de plus de 13 millions d'habitants, ville sans centre et sans transports en commun dignes de ce nom. Los Angeles, ville mythique du septième art, ville tentaculaire qui s'allonge sur 80 km et s'ouvre sur le Pacifique. La gare, elle, a échappé au développement général. C'est presque une gare mexicaine de province au charme suranné.

Un monde sépare la côte Est, d'où nous sommes partis, de la côte Ouest, où nous voici arrêtés après trois jours et trois nuits. C'est un magnifique voyage, à vivre et à savourer, grâce au train à petite vitesse ! Une perte de temps ? Non, un gain de vie !

Tout juste sorti du Kansas pour entrer dans l'état du Colorado, l'Amtrak longe les montagnes Rocheuses.

6445
6445
VIA
6445
Canada
Canada

Le Canadien

CANADA

Si le train n'existait pas, il n'y aurait pas de nation canadienne. Il y aurait deux entités distinctes, deux pays de part et d'autre des montagnes Rocheuses. Car n'en doutons pas, c'est bien la création du chemin de fer qui a donné son unité au territoire. De 1881 à 1885, la société Canadian Pacific Railway a établi le premier maillon du réseau canadien. Plus tard, de 1896 à 1917, le Great Northern Railway, puis, de 1902 à 1923, le Grand Trunk Pacific partirent à la conquête du nord du Canada, avant de fusionner en 1978 dans une nouvelle société appelée Via Rail Canada.

C'est en 1881 que fut lancée l'idée d'une ligne qui traverserait le Canada d'ouest en est. Projet ambitieux immédiatement qualifié de folle entreprise par ses contemporains : à quoi bon relier à grands frais quelques millions d'habitants disséminés aux quatre coins d'un immense territoire ?

D'est en ouest, le Canadien parcourt le pays sur près de 4 500 km, entre Toronto et Vancouver, à travers plaines, forêts, lacs et montagnes pour gagner finalement l'océan.

Le Canadien, train phare de Via Rail, a pourtant vu le jour en 1885. Non sans mal ! Car il a fallu pour cela poser la voie ferrée à travers les montagnes Rocheuses, considérées comme infranchissables. Pour trouver le meilleur passage à travers des cols où personne ne s'était jusqu'alors aventuré, les ingénieurs eurent l'idée d'observer le vol des aigles : là où ils passaient, le train passerait lui aussi ! Les aigles, sans aucun doute, mériteraient d'être décorés pour leur rôle dans l'unification de la nation.

De Montréal, nous partons rejoindre la gare de départ, à Toronto. De là, nous traverserons le Canada de l'Atlantique au Pacifique en plusieurs étapes, sur près de 4 500 km, jusqu'à Vancouver. De Toronto, nous passerons par Winnipeg, Edmonton et Jasper dans un parfait confort et traverserons de jour les montagnes Rocheuses, avec la

Le chef de train du Canadien à Toronto, la gare de départ.

De Winnipeg, un train assure la liaison jusqu'à Churchill et la baie d'Hudson.

possibilité de faire aussi quelques détours, puisque le réseau de Via Rail comporte 14 000 km de voies ferrées, de la Nouvelle-Écosse à la Colombie-Britannique… Un voyage plus qu'enchanteur.

Nous quittons donc la gare de Montréal. En traversant les provinces du Québec puis de l'Ontario, nous remarquons que le train a modelé le paysage : dès la création du réseau ferroviaire, les industries et les grandes exploitations se sont fixées le long de la voie. Au bout de cinq heures de voyage à une vitesse moyenne de 150 km/h, nous arrivons en gare de Toronto, ville principale de l'Ontario, située au bord du lac du même nom qui, en langue iroquoise, signifie « eaux vives ». Et en effet, la région renferme le quart des réserves d'eau de la planète.

Le train, tout droit sorti des années 1920, propose néanmoins un confort moderne…

Le Canadien est à quai. Il attend là, tranquillement, que ses passagers montent tandis qu'une foule compacte de voyageurs sillonne les couloirs d'Union Station. Construite entre 1915 et 1920, selon les plans des firmes Ross & MacDonald et H. G. Jones & J. M. Lyle, et inaugurée en 1927, la gare est un admirable exemple de l'architecture des années 1920. Elle en est même la meilleure illustration parmi les nombreuses gares de style classique construites au Canada pendant l'ère d'expansion ferroviaire et d'urbanisation, au début du XXe siècle.

Nous embarquons. Le train, tout droit sorti des années 1920, de style Art déco, propose néanmoins un confort moderne, un détail qui nous séduit particulièrement car le voyage va durer trois jours… Nous aurons ainsi tout le loisir de lier connaissance avec les Canadiens, des gens particulièrement chaleureux et accueillants.

Quelle que soit leur classe, les voyageurs peuvent accéder au wagon panoramique et au wagon-restaurant, mais seuls les voyageurs de première classe, la classe Bleu d'argent, peuvent jouir du Salon d'extrémité, qui s'ouvre très largement sur un paysage aux couleurs chatoyantes. De ce salon, un escalier conduit à une section panoramique couronnée de verre.

À Churchill, les habitants reçoivent souvent la visite des ours blancs. Après avoir été endormis, ces derniers sont reconduits vers des territoires plus accueillants.

Intérieurs d'un wagon-restaurant et d'un wagon de troisième classe de la Canadian Pacific Railway, à la fin des années 1880.

Notre long voyage vers l'ouest nous conduit dans l'Ontario, le royaume de l'érable, emblème du Canada. Sur des kilomètres et des kilomètres se succèdent des lacs de toutes tailles, si nombreux qu'on ne peut les compter, parfois si grands qu'on ne peut appréhender toute leur étendue. Puis les champs de blé qui mûrissent sous un ciel sans fin et défilent à perte de vue nous annoncent que nous entrons dans le Manitoba, l'une des trois provinces des Prairies, à mi-chemin entre l'océan Atlantique et l'océan Pacifique.

Le prochain arrêt est en effet Winnipeg, la principale ville de la province, à la jonction de trois rivières, la rivière Rouge, l'Assiniboine et la Seine. Oui, la Seine, comme à Paris ! Ville cosmopolite et dotée de magnifiques bâtiments, Winnipeg a été surnommée le Chicago du Nord. Un de ses quartiers, Saint-Boniface, accueille la plus importante communauté francophone après celle de Québec. Sa gare, conçue par les architectes de la Grand Central Station de New York et construite selon le même modèle, est d'une grande beauté. Elle assure la liaison avec la petite ville de Churchill, dans la baie d'Hudson.

Churchill n'est pas sur notre trajet, mais ce détour en vaut la peine. On

Double page suivante : le Canadien aux environs de Banff, lors de la traversée des montagnes Rocheuses.

6407
6407
VIA

y voit d'admirables monuments, mais surtout, ce gros bourg de 1 200 habitants, construit sur le côté rocheux de la baie d'Hudson, a une particularité qui le rend unique : Churchill est certainement la seule ville au monde où vous risquez de croiser dans la rue des ours blancs ! La cité a été construite au XIXe siècle par des trappeurs sur le trajet immémorial des ours qui, dès l'automne, se réunissent à quelques dizaines de kilomètres de là pour attendre le dégel dans la baie d'Hudson afin d'y chasser le phoque. Il leur suffira de guetter, avec une infinie patience, le phoque qui sortira d'un des nombreux trous ouverts par la fonte des glaces dans la banquise pour respirer un peu d'air frais et de le happer avant de le tirer hors de l'eau.

Aujourd'hui, dans cette région, l'ours blanc est heureusement protégé. Cependant, il reste dangereux pour l'homme et c'est la raison pour laquelle des patrouilles sillonnent la ville et ses environs, de jour comme de nuit. Dès qu'un ours blanc s'approche, un des hommes de la

L'entrée en gare du Canadien dans la petite ville de Jasper.

Le Salon d'extrémité du train et sa section panoramique permettent de profiter pleinement de la richesse des paysages canadiens.

patrouille tire une fléchette pour l'endormir. L'animal est ensuite transporté par hélicoptère à plus de 200 km.

Passé Winnipeg et ses immenses vallées, nous abordons le Saskatchewan, pays de forêts, de cours d'eau et de vastes prairies, puis l'Alberta, dont la limite marque la division entre le fuseau horaire central et celui des Rocheuses. Viennent Edmonton, puis la petite ville de Jasper où il n'est pas rare de voir un élan ou un cerf se promener dans les rues. Après avoir attaqué la chaîne principale des Rocheuses, le train franchit la frontière entre l'Alberta et la Colombie-Britannique. On passe un nouveau fuseau horaire. Au sommet du col Yellowhead, qui culmine à 1 131 m, se trouve la ligne de partage des eaux.

Après plus de trois jours, nous arrivons finalement au terme de ce passionnant voyage. Devant nous se dressent Vancouver et l'océan Pacifique. Grâce au train, la ville de 1,5 million d'habitants est devenue la principale ville de la côte pacifique canadienne. Une ville de contrastes qui se partage entre gratte-ciel et maisons flottantes, entre mer et montagne.

Émerveillés par la diversité et la richesse des paysages qui ont défilé sous nos yeux, nous n'avons pas vu le temps passer.

Longeant lacs et forêts, le train traverse le Canada jusqu'à la baie de Vancouver, sans aucun doute l'une des plus belles baies au monde.

Le Chihuahua al Pacífico

MEXIQUE

Non, ce n'est pas à travers le Mexique de l'ancien Empire aztèque que nous allons voyager. Oublions pour un instant les vestiges admirables de Teotihuacán, de Palenque ou encore de Chichén Itzá, là-bas, dans la péninsule du Yucatán. Oublions donc Aztèques et Mayas, Cortés et la conquête espagnole. Certes, ce passé prestigieux et tragique est présent dans nos mémoires, mais ici, ce qui fait naître notre excitation, c'est un petit train modeste au nord du Mexique, tout près de la frontière des États-Unis, le Chihuahua al Pacífico. Il emprunte l'une des dernières lignes de chemin de fer de voyageurs encore en activité au Mexique – et sans nul doute l'une des plus belles du monde –, qui relie Chihuahua à Los Mochis.

Les travaux de la ligne du Chihuahua al Pacífico ont mis quatre-vingt-dix ans à aboutir. Voilà qui permet de devenir philosophe et d'accepter plus facilement une attente de quelques heures.

Nous prenons le temps de nous promener dans Chihuahua, notre ville de départ, capitale du plus grand État mexicain. C'est une ville agréable aux rues accueillantes, riche de sa tradition d'élevage et de ses mines d'argent, mais aussi du souvenir de Pancho Villa. Ce célèbre révolutionnaire qui prit la tête de la division du Nord en 1913 s'empara de la ville et en fit son quartier général. La maison dans laquelle il fut assassiné en 1923 est toujours là, on peut la visiter et en voir la toiture criblée de balles.

L'histoire du Chihuahua al Pacífico, reconnue aujourd'hui comme l'un des plus grands exploits ferroviaires du XXe siècle, coïncide avec l'épopée héroïque des révolutions agraires menées par Pancho Villa qui aurait, dit-on, donné quelques coups de pioche lors des premiers travaux de la ligne… Mais l'Histoire gardera plutôt en mémoire ses attaques de convois militaires, sur ces mêmes rails, menées pour libérer les paysans mexicains des impitoyables aristocrates terriens, redistribuer les terres et mettre fin au pouvoir régional et central corrompu.

De Chihuahua à Los Mochis, le train aux wagons bleus parcourt 650 km à travers les sommets de la Sierra Madre.

Nous quittons maintenant la plaine herbeuse et attaquons les contreforts de la sierra Madre...

Moins romanesque est la naissance du train. Elle est due à un ingénieur américain, Albert K. Owen, qui fut chargé, en 1871, par la congrégation utopiste à laquelle il appartenait, d'installer une nouvelle colonie au Mexique puis de la relier à celle de l'ouest des États-Unis par une voie de chemin de fer. Owen obtint du gouvernement mexicain sa première concession en 1880 avec un délai de construction de dix ans pour la voie. Vingt ans plus tard, l'utopiste dut admettre son échec : les travaux stagnaient et les nouvelles colonies de sa congrégation étaient en déroute. Après l'abandon d'Owen, de nombreux investisseurs tentèrent de reprendre le projet. Mais les montagnes et les canyons vertigineux qui jalonnent le parcours découragèrent jusqu'aux plus audacieux.

Finalement, en 1952, l'État mexicain racheta les lignes du pays, alors exploitées par des compagnies étrangères, et les travaux recommencèrent. Cette fois, le but fixé fut de désenclaver la sierra Tarahumara. Et ce n'est qu'en 1961, au terme de quatre-vingt-dix ans de travaux et d'une dépense de 90 millions de dollars que le Ferrocarril Chihuahua al Pacífico fut inauguré.

Nous voici arrivés à la gare. Il est 7 heures, le départ de notre train est imminent. Des *rancheros* en bottes, jeans et stetson, des paysans portant chapeau de paille ou casquette colorée et des femmes vêtues de noir s'agitent, les bras chargés de paquets et de bagages.

Le maître à bord, c'est Antonio, un petit homme très brun, à l'œil vif. Son visage aux traits indiens est fortement buriné. Son père était un métis et sa mère une Indienne tarahumara. Antonio sort son sifflet. En voiture ! Nous voilà partis. Nous quittons maintenant la plaine herbeuse et attaquons les contreforts de la sierra Madre. Quelques chevaux en semi-liberté galopent dans les champs au passage de nos six wagons tirés par une locomotive Diesel, seule touche de modernité dans ce paysage intact.

Ce cheval de fer aux wagons bleus parcourt 650 km du territoire mexicain sur un long serpent de rails. Au fil de ses douze heures de voyage, il franchit 86 tunnels et 37 ponts, dont certains culminent à plus de 1 600 m au-dessus des gorges, effectue des virages spectaculaires à 180 degrés, sillonne de magnifiques paysages accidentés et ne traverse pas moins de

La sierra Madre et ses paysages accidentés : gorges profondes et à-pic vertigineux.

Dans la rue principale de Creel, en fait la seule vraie rue, une femme tarahumara, son enfant dans les bras, attend un hypothétique train qui la conduira plus loin, vers l'immense Barranca del Cobre.

cinq zones climatiques ! Courageux, il part du niveau de la mer et monte jusqu'à 2 700 m d'altitude dans les zones montagneuses. Fier de tous ces records, il mérite bien de figurer au nombre des trains de légende.

Dans une lumière bleutée, nous voyons se dessiner la Barranca del Cobre, un immense canyon de 3 200 m, quatre fois plus grand que le canyon du Colorado. Notre train a la vertu de la lenteur : 30 km/h, 40 parfois, 50 tout au plus.

La voix d'Antonio retentit : « Creel, Creel… », nous arrivons à Creel. Nous nous apprêtons à descendre. « Vous allez avoir le temps de visiter, nous dit Antonio, car nous avons quelques problèmes techniques à régler… » Il est 12 h 30, nous ne repartirons pas avant 16 heures.

Comment décrire la gare de Creel ? Pour tout dire, elle n'existe pas vraiment, c'est plutôt un arrêt au beau milieu du bourg. Jadis, Creel était le terminus de la ligne. La voie ferrée est la seule artère qui relie la ville au monde extérieur. C'est aussi, semble-t-il, le seul lieu de vie à en juger par le nombre de personnes qui sont installées là, dans ce vaste espace bordé par une petite place avec, fiché en son centre, un kiosque à musique d'opérette : des hommes au chapeau à large bord, debout, immobiles, des jeunes femmes indiennes tarahumaras assises,

Double page suivante : un voyageur en partance devant les rails de la gare de Chihuahua, capitale paisible de l'État du même nom.

À Creel, comme sur le reste de la ligne du Chihuahua al Pacífico, hommes et femmes donnent l'impression d'attendre un improbable événement.

parfois à même le sol, vêtues de belles robes amples très colorées.

Il est déjà 16 heures. Antonio l'avait promis, le train est prêt à repartir, le voici qui s'ébranle. Des Indiens et leurs enfants sont montés à bord, le visage impénétrable. Ils descendront à la station suivante, Divisadero, ou à celle d'El Fuerte et regagneront leurs villages isolés après une longue marche.

Nous n'avons cessé tout au long du voyage de traverser des ponts à plus de 200 m du sol, mais le dernier, pour n'être pas le plus haut (il n'est qu'à 96 m du torrent en contrebas), est sans doute le plus étonnant ! En bois, il fait très certainement partie des ponts ferroviaires les plus dangereux au monde. Antonio, que nous avons rejoint dans la locomotive, met en pilotage automatique, se signe, murmure une brève prière et ferme les yeux. Évidemment, ce n'est pas très rassurant, mais, d'après lui, il n'y a pas meilleur remède au vertige que de garder les yeux fermés… Le spectacle de cette gorge découpée comme au rasoir est admirable. Bien sûr, les craquements du bois nous font frémir de peur, mais très vite nous regagnons la terre ferme. Le conducteur rouvre les yeux, puis se signe à nouveau. Nous échangeons un regard complice. Tout s'est bien passé.

Une fois passée la gare de Bahuichivo, le train attaque courageusement sa descente vers Los Mochis. Non sans certains haut-le-cœur, nous redescendons à 800 m d'altitude. Le paysage de montagne laisse la place à de vastes étendues désertiques parsemées de rares cactées. Les banquettes auxquelles nous nous cramponnons sont petit à petit réchauffées par les forts rayons de soleil qui traversent les vitres. Encore quelques kilomètres, le temps que le soleil s'endorme, et nous arrivons enfin à notre terminus, Los Mochis.

Contrairement à Creel, où tranquillité et lenteur régnaient, Los Mochis grouille d'agitation. Nous nous frayons un chemin dans les rues pleines de marchands encore au travail malgré l'heure tardive et arrivons à notre hôtel. Du balcon de notre chambre, nous contemplons cette ville en pleine effervescence. Mais cette fois, regarder en bas ne nous donne plus le vertige…

Le train est enfin arrivé. Sur le quai, on vend et on achète, on demande des nouvelles de la ville… Un bref intermède entre deux attentes.

Le jour de la fête des Morts, ici comme partout au Mexique, on transforme les disparus en figurines de sucre. Une communion anthropophagique et gourmande.

CARNICERIAS
"LA GORDA"
"LA GORDA 2"
SERVICIO A DOMICILIO
CELAYA GTO
NUESTRA CALIDAD Y SERVICIO
SON DE PRIMERA
¡GRACIAS POR PREFERIRNOS!

Alausi-Guayaquil

ÉQUATEUR

Double page suivante : à Bucay comme dans toutes les gares de la ligne, le passage du train est un événement qui rythme la vie des habitants.

Alausi ! Nous y voilà ! On nous l'avait bien dit : quoique belle, la route est longue pour arriver à Alausi, mais vous verrez, ce qui vous apparaîtra de la route comme un petit bourg perdu au fond d'un cirque de montagnes vous réserve une sacrée surprise ! Un des trains – peut-être le train – les plus passionnants du monde !

Eh bien ! Nous allons l'attendre puisque nous l'entendons déjà pousser des soupirs presque humains, souffler fort avant même de voir ses énormes nuages de fumée crachés par sa locomotive hors d'âge.

C'est, nous dit-on, une Baldwin. Elle entre dans la ville telle une reine. C'est son domaine. Elle passe dans la rue à la vitesse du pas, précédée et suivie par sa cour, ses valets et ses courtisans : des gamins du village qui se permettent la privauté de courir à ses côtés avant de s'agripper à elle et se sauter sur ses marchepieds. Mais Sa Majesté Baldwin, trop impériale pour y prêter attention, poursuit sa marche à travers la ville avant de s'arrêter où bon lui semble : dans son palais, la gare.

L'antique locomotive entre en plein cœur de la petite bourgade d'Alausi et passe dans la rue à un train de sénateur.

La gare, où l'attendent ses chambellans, des Indiens otovalos, dans leurs beaux habits. Les hommes portent nattes, ponchos bleus et pantalons blancs. Les femmes, de larges jupes doubles, corsages de dentelle et lourds colliers à grosses boules dorées. Et l'or sied autant aux Indiens pour sa valeur sacrée qu'il sied à Son Altesse Baldwin en signe de reconnaissance de sa grandeur.

Mais abandonnons Sa Majesté Baldwin pour retrouver Washington. Non pas George Washington le Président, mais Washington Altamirano, le mécanicien conducteur de locomotive. Washington, la burette à la main, est là, graissant un piston, un rouage compliqué et mystérieux, tel un officiant. Il vérifie tout méticuleusement avant d'attaquer

La vallée encaissée d'Alausi, point de départ du train Alausi-Guayaquil.

CECILIA
ECUATORIANOS

le grand voyage, d'approcher le terrible Nariz del Diablo (le Nez du Diable), une pente vertigineuse que le train, bien entendu, ne peut descendre schuss ; car tenez-vous bien, la déclivité est de 55/1 000. Non, il va l'affronter, mais de biais, en zigzags successifs pour passer de 3 240 m d'altitude au niveau de la mer, à Guayaquil, le grand port équatorien sur le Pacifique. Pour ce faire, le train nous fera passer progressivement, tour de roue après tour de roue, du froid de la haute montagne à la chaleur équatoriale de la côte.

Les passagers les plus intrépides voyagent sur le toit des voitures (à droite). Les autres préfèrent la sécurité des wagons (à gauche).

Nous avons choisi de nous mêler aux voyageurs intrépides. Nous voilà donc, nous aussi, sur le toit...

Avant d'aborder la pente, Washington actionne ses serre-freins. Les serre-freins ont, comme leur nom l'indique, mission de serrer les freins du train. Ce qui est insolite, c'est que, sur la Baldwin, les serre-freins sont situés sur le toit du wagon. Ils sont composés d'une roue, semblable à un volant de voiture, que l'on visse ou que l'on dévisse suivant les nécessités du parcours. Parfois ce n'est pas si simple car les freins et les serre-freins ne sont pas seuls sur les toits des wagons, souvent envahis par les voyageurs. Oui, vous avez bien lu, les voyageurs ! En fait, je devrais dire « des » voyageurs. Peut-être les plus intrépides d'entre eux, car c'est d'autant plus acrobatique que le toit du wagon est arrondi. Pendant ce temps, les passagers les moins téméraires sont paisiblement assis dans les voitures de bois qui grincent, gémissent et craquent dans la pente. Ils poussent même l'indolence jusqu'à jouer des airs nostalgiques où il est question d'amour et de trahison, en s'accompagnant à la guitare.

Les serre-freins sont situés sur le toit du wagon. Dans les descentes, ils sont actionnés manuellement.

Quant à nous, nous avons choisi de nous mêler aux intrépides. Nous voilà donc, nous aussi, sur le toit, absorbés par le sifflet strident de la locomotive, que Washington actionne le plus souvent possible, sans autre raison que de donner de la joie aux voyageurs et aux paysans qui regardent passer le train. Ce qui amuse les enfants effraie les chiens, qui se mettent à aboyer et à courir après la bête humaine qui, tel un taureau furieux, souffle par ses naseaux de puissants jets de vapeur.

Mais un petit drame vient de se nouer… Un orage récent a fait s'affaisser des poteaux électriques de part et d'autre de la voie et des fils pendent dangereusement au ras du toit du train. Que faire pour passer sans danger ? On coupe une branche assez longue en forme de fourche qu'un voyageur utilise pour soulever les fils, pendant que les autres se mettent à plat ventre sur le toit ! Et voilà, le tour est joué, la voie est libre. Mais pas pour longtemps… Un craquement bizarre et la locomotive s'arrête. Washington, débonnaire, en descend et en fait le tour. C'est une bielle qui donne des signes de faiblesse. Qu'à cela ne tienne, Washington en fera fabriquer une autre dans les ateliers des Ferrocariles équatoriens, car, bien sûr, ces pièces n'existent plus depuis bien longtemps. Le voyage peut reprendre son cours paisiblement. Et sans embûches cette fois.

Bientôt, au sol rocailleux succèdent les vergers tempérés, puis des gigantesques plantations de bananiers. Au froid vif de la montagne succède la chaleur moite d'une étuve. Au loin, la mer étincelle alors que nous approchons de Guayaquil. La Baldwin s'arrête dans un soupir. Nous descendons du train, mais nous ne sortons pas du rêve. La réalité n'a pas cessé d'être un rêve. Le rêve n'a pas cessé d'être réalité…

Washington, le mécanicien, veille jalousement sur les bielles et les rouages des vieilles locomotives dont il a la charge.

La Universal

L'autoferro

ÉQUATEUR

La petite gare d'Ambato s'éloigne dans la brume du petit matin. Il est 6 h 30. En fait, nous sommes arrivés devant le guichet à 5 heures après nous être frayé un passage entre les Indiens endormis, engoncés dans de grands châles. Évidemment on maugrée un peu, mais un voyage comme ça, il faut le mériter ! On ne peut pas prendre ses billets à l'avance et le préposé n'arrive qu'une heure avant le départ supposé du train. Bon, il faut s'y faire, c'est comme ça. Le train, ce jour-là, est parti à l'heure. Direction Riobamba, une petite ville située à quelque 70 km d'Ambato. Une distance qui paraît courte a priori, mais avec le train que nous allons emprunter, le moindre petit trajet se compte en heures.

L'autoferro s'arrête en rase campagne : des pierres sont tombées sur la voie. Les incidents de parcours sont monnaie courante.

Nous voilà donc partis dans le grincement du wagon brinquebalant, *tacatac... tacatac...*, martèlement inoubliable des roues du train sur les rails d'un autre temps. Mais s'agit-il vraiment d'un train ? S'agit-il vraiment d'un wagon ? Non, c'est un autoferro, un bus sur rails. Drôle d'engin ! Voici à quoi cela ressemble : à un vieil autobus des années 1950 monté sur rails. Il transporte 60 personnes plus des poules, de gros baluchons, des chats et parfois des chiens et, comme curiosité du jour, nous !

Plusieurs autoferros sillonnent l'Équateur sur la voie de chemin de fer qui va de San Lorenzo à Guayaquil en passant par Ibarra, Quito, la capitale, Ambato, Riobamba et Alausi. Une nouvelle portion de voie de chemin de fer a même été ajoutée, en 1915, pour relier Riobamba à Cuenca, la petite ville du Sud proche d'Ingapirca, le site inca le plus important du pays. La cité inca est le but de mon voyage. De Riobamba, je prendrai un bus pour m'y rendre.

Le conducteur de notre autoferro, en chemisette, porte, règlement oblige, une casquette bleue à parements dorés. Mais plus que le conducteur, ce qui me frappe tout de suite c'est la pédale d'accélération.

Les lamas étaient autrefois au centre de la vie des Incas. On les utilisait pour le transport des marchandises et comme unité de mesure des distances. Une journée de marche de lama représentant, à ces altitudes, une quinzaine de kilomètres.

Des nombreux autoferros qui sillonnent le pays de long en large, aucun ne vous préservera des ennuis mécaniques.

En métal embouti, elle a la forme d'un pied humain, les orteils bien séparés. Mais l'honneur est sauf ! Notre conducteur est chaussé de tongs en plastique !

Coup de frein brutal. Un chien traverse la voie juste devant notre train. Gémissement de l'autoferro. Plus de peur que de mal. Pas de bobos, mais l'autoferro est sorti de ses rails. Le chauffeur ajuste sa casquette : « *Señores y señoras*, je vous prie de descendre. Y a-t-il parmi nous une personne bénéficiant d'un ticket de première classe ? Vous monsieur, oui. Vous êtes donc dispensé de nous aider à remettre l'autoferro sur rails, à moins que vous ne le souhaitiez, mais évidemment vous n'y êtes pas obligé. » L'heureux bénéficiaire du ticket de première accepte de bonne grâce de participer à l'effort commun, accompagné par un sourire de contentement des voyageurs. Nous comprenons alors la différence entre les premières et les secondes classes : les voyageurs partagent les mêmes banquettes, mais les premières classes sont dispensées de pousser lorsque survient un ennui mécanique… Allons-y. Chacun retrousse ses manches. Et une… et deux… et trois… L'autoferro est remis sur rails. On s'essuie les mains avec un bout de chiffon. Et l'autoferro reprend sa route.

Nous voilà repartis. Je réussis à me faufiler près du conducteur…

Le paysage défile sous nos yeux dans une lumière limpide. Au loin, des volcans enneigés, gigantesques, sublimes. J'interroge mon voisin, un étudiant plongé dans son livre dont le titre est *El Mundo es ancho y ajeno* (le monde est grand mais il appartient aux autres). Il m'apprend que cinq volcans culminent à plus de 4 500 m d'altitude, et huit à plus de 5 000 m, dont le célèbre Chimborazo.

Nous approchons maintenant de la petite gare d'Urbina, posée au milieu de nulle part sur un plateau désertique. Un panneau en indique l'altitude, 3 604 m. C'est le point le plus haut du trajet. Nous nous arrêtons. Personne ne monte mais tout le monde descend.

Le froid est vif à cette altitude. Nous entrons dans la gare, un gros poêle ronronne, la chaleur nous envahit. À côté du guichet grillagé, déserté, un comptoir de fortune a été installé. Une boisson unique y est servie, du

La petite gare d'Urbina, au pied du volcan Chimborazo, est le sommet du réseau.

canelazo, un mélange de rhum, de citron, de canne à sucre et de cannelle. C'est délicieux.

Nous voilà repartis. Je réussis à me faufiler près du conducteur. La brume a envahi la campagne. De temps à autre, des apparitions fantomatiques de chevaux et, surprise, dans un virage, nous tombons nez à nez avec un gros engin de chantier – heureusement que nous roulons à 25 km/h ! Autour de l'engin, des cantonniers munis de pelles s'activent. Ils sont en train de refaire la voie. Il faudra donc patienter jusqu'à ce que leur travail soit fini.

Déjà près de trois heures que nous sommes partis et nous sommes à peine à mi-chemin ! Il faut faire contre mauvaise fortune bon cœur… Ingapirca, pourtant si proche à vol d'oiseau, se mérite. La forteresse inca des confins de l'empire, dressée sur son éperon rocheux depuis plus de cinq cents ans, saura bien m'attendre encore quelques heures…

La région compte de nombreux volcans, parmi lesquels le Cotopaxi (à gauche), haut de 5 897 m, avec ses neiges éternelles.

De Cuzco à Machu Picchu

PÉROU

Lorsque vous irez à Machu Picchu, vous n'aurez d'autre choix que celui de prendre le train réservé aux touristes. C'est certes un train plutôt confortable, avec un bar proposant thé, café, gâteaux, sandwiches, boissons fraîches, mais c'est surtout un train de moindre intérêt, dont le tarif, qui plus est, est prohibitif pour le pays... Vous n'y rencontrerez que des touristes comme vous, vous n'y verrez aucun Indien, personne de cette population autochtone qui rend les voyages si passionnants.

Il existe pourtant un autre train qui est le revers exact du précédent, un train local, uniquement composé d'Indiens. Mais celui-ci, vous n'aurez malheureusement pas la possibilité de l'emprunter. En effet, depuis le rachat de la compagnie par une société privée péruvienne, en 2000, l'utilisation des trains locaux est interdite aux touristes. Par chance, mon voyage est antérieur à cette regrettable décision. Il vous reste donc la possibilité de le vivre avec moi, par procuration, faute de mieux...

C'est entre 3 000 et 4 000 m que s'est épanouie la civilisation des Incas, c'est donc là que vivent leurs descendants. Pas une goutte de sang espagnol chez cette Indienne des Andes.

Gare de Cuzco. C'est le matin. En tête des voies, un énorme Christ en croix reposant sur une couronne de fleurs saute aux yeux. Un ami m'avait dit : « Arrivez de bonne heure. On ne loue pas de place dans ce train et il y aura du monde. » J'arrive de bonne heure, mais il est peut-être déjà trop tard.

Le train sort de la cuvette montagneuse où est situé Cuzco, qui fut capitale de l'Empire inca.

Sitôt à quai, les wagons ont été envahis par la foule des Indiens. Ils sont petits, 1,60 m en moyenne, la peau brune, les yeux profondément noirs. Les femmes sont vêtues d'amples jupes qui cachent mal quelques jupons de couleur. Beaucoup portent le fameux chapeau melon caractéristique des Andes ou un chapeau de feutre. Ce qui est étonnant, c'est le calme et le silence. Hisser avec effort dans le wagon d'énormes sacs, des ballots mal

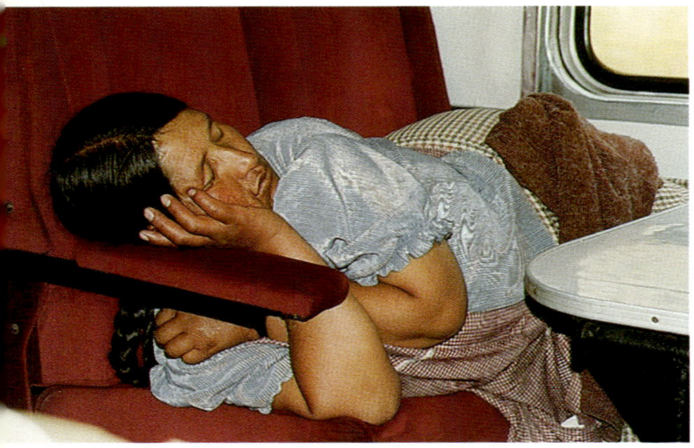

Les trains locaux, malheureusement aujourd'hui interdits aux touristes, permettent de partager un peu de l'intimité des Indiens, entre sieste et alcool de maïs.

ficelés, se fait sans bousculade, sans cris, pratiquement sans un mot, à peine un murmure.

Les Indiens ne se déplacent jamais pour la promenade. Il y a toujours un but à leur voyage : vendre dans les villages de la sierra la quincaillerie de la ville, rendre visite à leur famille en apportant des cadeaux… L'offrande crée le lien qui oblige à d'autres cadeaux. C'est le va-et-vient sans fin de la réciprocité. C'était d'ailleurs déjà le nerf de la société inca, une société qui ne connaissait pas l'argent comme monnaie d'échange, mais fonctionnait grâce au troc. Il en est de même pour les pèlerinages, qu'affectionnent beaucoup les Indiens. S'y rendre, c'est faire, en quelque sorte, un cadeau à la divinité. D'ailleurs, on y apporte souvent des offrandes, fleurs, fruits, pièces de tissu, etc., que l'on dépose au pied des statues. Là encore c'était une tradition inca sous réserve qu'à cette époque on y ajoutait des sacrifices d'animaux, de lamas particulièrement, et même, parfois, d'humains. En compensation des prières et des cadeaux, on attendait des dieux qu'ils se manifestent par des guérisons, par de bonnes récoltes, par des bienfaits de toute sorte. Si leur générosité était jugée insuffisante, on les insultait. Ce sont des pratiques toujours en cours aujourd'hui. Bien sûr, les dieux ont changé de visage, mais l'état d'esprit des Indiens est resté le même.

Les Indiens ne se déplacent jamais pour la promenade. Il y a toujours un but à leur voyage…

Il est grand temps que je monte dans le train et que je me trouve une place. Les wagons sont sans compartiment. Toutes les places semblent prises. Je me faufile entre les voyageurs assis dans le couloir central sur des colis. Les banquettes de bois sont généralement occupées par des bébés endormis dans d'énormes châles de laine colorée, les *poleras*. Peut-être impressionnée par mon allure générale qui est loin – bien sûr – d'être celle d'un Indien, une maman me libère une petite place.

Nous sommes partis. Le train parcourt lentement le tracé heurté, en zigzag, qui l'extirpe de la cuvette de Cuzco. Non loin de moi, une femme sort d'un sac un pot de grès. Un groupe s'assemble, verres à la main. Elle y verse de la *chicha*, un très léger alcool de maïs fabriqué à la

maison. On m'en offre. Ils me regardent avec attention. Une mousse brunâtre déborde de mon verre. Cela a un goût de bière aigre. Je grimace. Ils sourient.

Bientôt le train longe la vallée de l'Urubamba. C'est un large torrent tumultueux qui bouillonne entre les rochers. La voie a été taillée dans l'à-pic montagneux. Souvent nous roulons sous des ponts de pierre brute. Au temps des Incas, c'était un des chemins pour atteindre Machu Picchu. Des conquistadores espagnols l'empruntèrent au cours de leur reconnaissance hasardeuse de territoires à conquérir, mais ils ne soupçonnèrent jamais l'existence de la ville sacrée cachée au milieu des pics couverts de jungle de la sierra.

Plus le train s'enfonce dans la cordillère, plus la vallée se resserre. Souvent elle n'est plus qu'un canyon qui ne laisse de place qu'au torrent et à la voie ferrée. Les pics nous écrasent de leur hauteur, 500, 800 m au-dessus de nous, hérissés d'arbres et de broussailles, menaçants. À un élargissement apparaissent des constructions de pierre cyclopéennes sur les deux rives. Elles servaient d'ancrage à un pont de lianes inca.

Le train s'enfonce dans les gorges de la rivière Urubamba qui, plus loin, encercle le piton rocheux où est construit Machu Picchu.

À côté, les ruines d'un fort. Était-ce pour interdire l'accès à Cuzco ou bien pour protéger Machu Picchu ? On l'ignore.

D'ailleurs, tout ce qui concerne la cité oubliée est mystérieux. Pour l'édifier, les Incas arasèrent le sommet d'un pic. Cette plate-forme, ainsi constituée, servait d'esplanade pour les cérémonies religieuses ou guerrières. Sur les versants des pentes, ils aménagèrent des terrasses pour cultiver des légumes et particulièrement du maïs, plante sacrée, nourriture des dieux et des princes, le reste de la population devant se contenter de pommes de terre.

De la petite station, un autobus me conduit jusqu'à la ruine inca solitaire et mystérieuse...

Nous arrivons bientôt à la gare de Machu Picchu. Elle est située dans un virage encaissé de la sierra. Peu de gens descendent du train. En fait, l'énorme majorité des voyageurs s'en va vers la ville de Quillabamba, dans les terres chaudes.

De la petite station, un autobus me conduit jusqu'à la ruine inca solitaire et mystérieuse. Il me dépose à une superbe entrée où, au premier regard, l'œuvre magistrale des Incas me coupe le souffle.

Les toits de chaume des maisons ont disparu. Les murs sont gigantesques : les blocs de pierre sont ajustés sans ciment. Tout fut calculé avec une telle précision qu'il serait impossible de glisser une feuille de papier entre deux d'entre elles.

Une seule maison est ronde. C'est un temple du Soleil, la divinité suprême des Incas. Tous les temples solaires sont ronds car on croyait à l'époque que le Soleil tournait autour de la Terre. Les murs, autrefois, étaient recouverts de plaques d'or. Dans des niches, on plaçait les momies d'illustres personnages. On recroquevillait les morts en position fœtale. La symbolique est évidente : le mort retrouvait dans la sépulture la position qu'il avait dans le ventre de sa mère. Selon le principe d'unité, la fin devait être identique au commencement.

Les raisons de la construction de cet ensemble majestueux, si loin de tout, restent encore incertaines. L'Américain Hiram Bingham, qui découvrit le site en 1911, affirma qu'il s'agissait d'un refuge peuplé de guerriers, un ultime point de résistance contre les conquérants espagnols.

Mais une autre hypothèse naquit, tenant compte du caractère hautement religieux de la société inca. Machu Picchu aurait été un lieu privilégié, très antérieur à l'arrivée des conquistadores. Les places auraient servi uniquement aux cérémonies. Les maisons auraient logé des prêtres qui enseignaient les dogmes, le culte du Soleil, l'art militaire, l'administration de l'Empire inca aux jeunes nobles. Machu Picchu, à la fois université et sanctuaire sacré.
Mais quelle que soit son histoire, la cité inca est sans doute l'un des lieux les plus spectaculaires au monde, un site à visiter au moins une fois dans sa vie. Fût-ce au prix d'un voyage dans le train des touristes !

Gare de Machu Picchu. Seuls quelques voyageurs descendent du train.

Machu Picchu, dernier bastion de la résistance inca aux conquistadores espagnols ou sanctuaire immémorial ? Le mystère reste entier.

TURISMO
EX

De Cuzco au lac Titicaca

PÉROU

Il y a des noms qui ouvrent les horizons de l'aventure, du mystère, de l'interrogation. Le lac Titicaca est de ceux-là, nom étrange, presque incongru, qui étonne et fait sourire. Mais aussi il envoûte. On a envie de découvrir ce lieu aux résonances magiques avec son passé inca, son altitude à près de 4 000 m, sa superficie de la taille d'une mer.

Comment ne pas succomber à cette séduction ? Je prends donc le train à Cuzco. Destination Puno, la ville péruvienne sur le lac. Il est 9 heures du matin. Le voyage durera huit heures. J'ai trouvé facilement une place assise. Mes voisins sont trois métis péruviens, le genre représentant de commerce. Et comme le wagon est ouvert, sans compartiments, je vois, au fond, des touristes espagnols et un groupe d'écoliers de Cuzco.

Gare de Cuzco. Une Indienne, vêtue du traditionnel chapeau melon andin et d'un grand châle en laine de lama, s'apprête à monter dans le train qui l'emmènera jusqu'à Puno, sur les rives du lac Titicaca.

Nous sommes partis. Nous roulons lentement parce que la voie est sinueuse. Sans cesse, on monte et on descend. Bientôt, nous avons atteint 3 500 m d'altitude. Pas de neige, bien sûr, sous les tropiques, mais l'air est vif, presque cinglant. Je regrette de ne pas avoir mis un pull-over plus chaud. Le paysage est aride, caillouteux, sans arbres. De place en place, quelques maisons aux murs de terre avec un bout de champ cultivé. Sinon, la rocaille.

Entre Cuzco et le lac Titicaca, le train traverse la « puna », terre sèche souvent glacée sur laquelle pousse l'« ichu », une herbe jaune qui nourrit lamas et moutons.

Avant le départ, je suis allé serrer la main du *señor* Justo Luza. Il conduit la locomotive, une diesel électrique. Je l'avais connu à Cuzco, avec sa famille. Justo est petit mais râblé ; il est très basané, comme tous les Indiens. Sa femme, Ada, a la peau un peu moins sombre car elle est métisse. Ils ont 34 ans tous les deux. Ils m'avaient invité chez eux à prendre le café en mangeant des petits pâtés. Ada les confectionne et les vend dans la rue pour aider à joindre les deux bouts. Après avoir beaucoup parlé des chemins de fer – Justo est passionné par son métier, ce qui nous a rapprochés –, ils m'ont dévoilé une part de leur intimité. C'est un phénomène rarissime pour des Indiens généralement secrets.

À 17 ans, ils se sont mis en ménage et aussitôt est né un bébé qui est mort, puis deux garçons bien vivants. Quoique catholiques et fidèlement pratiquants, ils n'étaient toujours pas mariés. Cela me surprend, l'Église est si importante au Pérou ! « Votre curé était d'accord ? » demandai-je. Justo se trouble, étonné de ma question. C'est Ada qui répond que c'est une coutume admise par tous. Elle remonte au temps des Anciens. Les Anciens, ce sont les Incas, mais ici on prononce rarement leur nom. Elle m'explique que dans ce passé prestigieux on ne se liait officiellement qu'après une période de concubinage pour éprouver la fidélité du couple ; c'était le *servinaque*. Aujourd'hui, dans les sierras du Pérou et de Bolivie, on pratique toujours ce mariage à l'essai. Ada hoche la tête et sourit : « C'est très bien comme cela », murmure-t-elle. Elle se ressert du café.

Obéir à la coutume inca appartient à un inconscient collectif impérieux. D'ailleurs, à la naissance de leur troisième enfant, une fille, Justo et Ada se sont mariés. Leur essai était concluant, le *servinaque* terminé. L'esprit inca avant tout !

Double page suivante : la gare d'Abra La Raya, sur l'Altiplano, est le point culminant du voyage, à 4 319 m d'altitude.

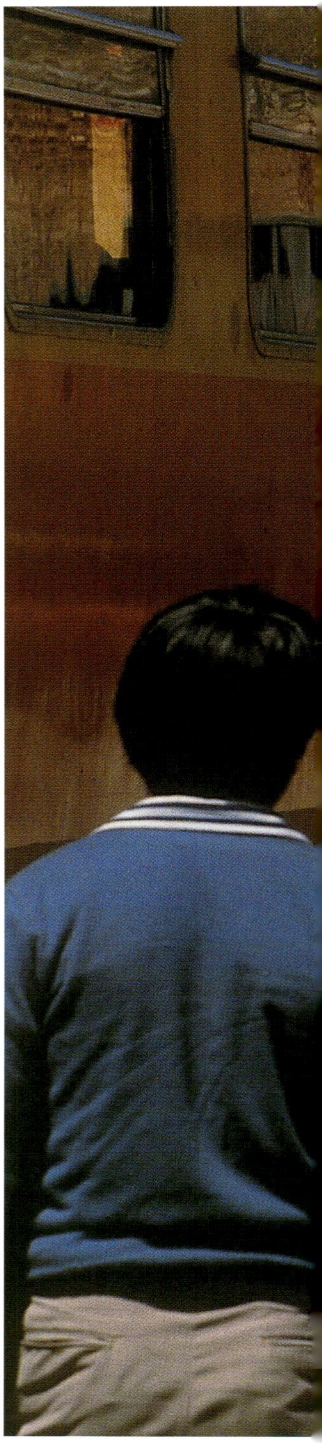

Nous roulons lentement parce que la voie est sinueuse. Sans cesse, on monte et on descend...

Retour au train. Je me promène dans le wagon. Au fond, les écoliers de Cuzco chantent à pleins poumons. Cela m'étonne car je commence à respirer avec peine. On a atteint le point culminant du trajet, la gare d'Abra La Raya, à 4 319 m d'altitude. Je ne suis jamais monté aussi haut de ma vie. Léger vertige. Mon sang manque de globules rouges, ce qui gêne ma respiration – à la différence des Indiens, qui, habitués à vivre sur les sommets, ont le sang plus riche. C'est pourquoi les écoliers peuvent chanter à tue-tête.

Il vaut mieux m'asseoir. Je m'installe dans le wagon-restaurant. Il est 3 heures de l'après-midi, le déjeuner. Manger, peut-être, me fera du bien ? C'est un menu unique : cuisse de poulet, salade de quinoa, une

céréale de grande valeur nutritive qui ne pousse que dans les Andes. Elle ressemble à de la semoule de blé et son goût est proche du sarrasin. Puis on apporte le dessert, une gelée fruitée.

Café ? Non, pas de café. Le garçon a dû remarquer ma pâleur car il me sert d'autorité un thé à la coca. Oui, c'est un thé à base de feuilles dont on extrait la cocaïne. Bien sûr, quelques feuilles infusant dans de l'eau bouillante ne vont pas me droguer, mais ce thé va me soutenir le cœur,

Sur le quai d'une petite gare de l'Altiplano, une cantine a été improvisée. Au menu, quinoa et pommes de terre, tous deux originaires de la région.

Les berges du lac Titicaca, véritable mer intérieure à 3 825 m d'altitude, gardent encore les traces de civilisations pré-incas.

donc réguler ma respiration. D'ailleurs, c'est une boisson ordinaire pour les habitués des Andes. Ils en prennent à longueur de journée. Je suis retourné à ma place. Ma respiration s'améliore. Est-ce l'effet du thé à la coca ? Peut-être ! Mais c'est aussi que le train descend maintenant rapidement. Quel soulagement ! Par la fenêtre de gauche apparaît le lac Titicaca. Lorsqu'on atteint ses rives, nous sommes tout de même à 3 825 m d'altitude, mais je respire à nouveau normalement.

Le paysage est impressionnant. Le Titicaca couvre trois fois la surface du lac Léman : 200 km de long, 50 km de large. Il est semblable à une mer avec ses deux marées quotidiennes d'une amplitude de 80 cm. Loin, très loin, des pics enneigés à plus de 6 000 m d'altitude se détachent sur le ciel bleu. C'est grandiose.

Le train roule sur la rive. À droite, des champs de pommes de terre à perte de vue. Ce serait banal si on ne savait que ce tubercule est né dans la région à cette altitude, tout juste gros comme une bille. Avec ténacité, les Incas ont croisé les espèces pour qu'elles grossissent. Ils les ont également acclimatées pour les faire pousser jusqu'au niveau de la mer. Il en existe plus de 600 variétés ; chez nous, quelques dizaines seulement, introduites par les descendants des conquistadores espagnols.

Le train arrive à Puno, un gros bourg de sur le lac. C'est le terminus. Il est 7 heures du soir. Nous avons deux heures de retard, mais qu'importe ! Ce qui compte, c'est l'expérience du voyage et la découverte de splendides paysages dans cet univers inca souterrain et pourtant présent.

La locomotive à bois du Paraguay

Des locomotives à vapeur chauffées au bois, vieux souvenir des premiers âges ferroviaires, il en existe encore mais il faut les chercher au loin. D'ailleurs, c'est uniquement au Paraguay que j'en ai rencontré, presque au bout du monde.
Le Paraguay, ce pays méconnu au centre de l'Amérique du Sud, entre le Brésil, l'Argentine et la Bolivie. Pays isolé, sans aucun accès à la mer, peu peuplé – 5,5 millions d'habitants sur une superficie presque égale à celle de la France – et qui abrite d'immenses forêts denses et touffues. Ceci explique sans doute cela, c'est-à-dire ce parc de locomotives d'un autre âge fonctionnant au bois.

Les voici, ces monstres romantiques, parqués dans un dépôt en plein centre d'Asunción, la capitale. Elles sont allemandes : Koppel, Borsig, Manning-Wardel, nées de 1901 à 1928. Celle que l'on prépare est jeune, si l'on peut dire ! Elle a été modernisée en 1961. Elle est stationnée le long d'une pyramide de troncs d'arbre coupés au gabarit de 1,50 m.
On en charge le tender.
En fait, le service ferroviaire paraguayen est à éclipses. Un train de voyageurs par semaine sur une centaine de kilomètres, quelques voyages annuels pour des touristes, et l'enchantement des enfants des écoles. Ce sont eux que l'on promène aujourd'hui. Dans la

bousculade et les éclats de rire, ils s'entassent dans de vieux wagons. Le train est parti. Soufflant, toussant, crachant, la vieille locomotive nous fera parcourir une boucle de 80 km en deux heures, juste le temps de dévorer les 25 m³ de bois qui ont été chargés au départ. Les gamins sont ravis. Et moi j'ai l'impression exaltante d'être porté par le grand souffle de l'épopée, celle des trains pionniers du XIXᵉ siècle qui taillèrent dans les forêts d'Europe, d'Asie et d'Amérique pour prouver obstinément au monde que le chemin de fer avait un avenir.

9732

Le Train des nuages

ARGENTINE

Notre voyage commence à Buenos Aires, capitale de l'Argentine, une ville de 13 millions d'habitants à l'architecture haussmannienne – ce qui lui donne une allure européenne avec ses faubourgs parsemés de jolies maisons aux couleurs vives et éclatantes, comme le quartier de la Boca. C'est ici qu'arrivaient les immigrants venant d'Europe. Les Argentins, qui aiment rire d'eux-mêmes, disent d'ailleurs avec humour : « Les Mexicains descendent des Aztèques, les Péruviens descendent des Incas, les Argentins descendent des bateaux. » C'est dans les bordels de la Boca qu'est né le tango, danse canaille qui triompha à Paris avant de revenir assagie à Buenos Aires.

Nous quittons Buenos Aires par la route et traversons la gigantesque région viticole du piémont andin en suivant la cordillère, sur la route de la Bolivie et du Chili. Après Santiago del Estero s'étend la province de Salta.

La locomotive rouge et or du Train des nuages traverse la cordillère des Andes sur un parcours jalonné de plusieurs dizaines de tunnels et ponts jusqu'au viaduc de la Polvorilla, à près de 4 200 m d'altitude.

La riche vallée agricole de la province de Salta a été surnommée la vallée des Couleurs à cause des oxydes multicolores contenus dans ses roches.

Double page suivante : le vertigineux viaduc de la Polvorilla se dresse à 65 m au-dessus du vide.

Le village minier de San Antonio de los Cobres est la dernière halte du train avant d'aborder le viaduc de la Polvorilla.

La capitale, Salta, dominée par les sommets andins, est une jolie ville aux quartiers baroques. Elle est le point de départ du Train des nuages, *el Tren de las nubes*, que nous allons emprunter. C'est certainement le train qui offre le parcours le plus spectaculaire des Andes : un trajet à travers la cordillère, jalonné de plusieurs dizaines de tunnels et de viaducs pour nous mener finalement au viaduc de la Polvorilla, qui culmine à près de 4 200 m d'altitude, non loin de la ville de Socompa et de la frontière chilienne. Puis nous reviendrons à Salta dans la soirée, cet aller-retour de 438 km devant durer quinze heures.

Sur les quais de la gare, s'est amassée une foule bon enfant, composée pour la majorité d'Argentins. Le train entre en gare, tiré par une locomotive de couleurs vives, rouge et or, rutilante et étincelante dans la lumière du matin. Il est 7 heures, il est temps de partir.

D'admirables paysages parsemés de cactus en forme de candélabre défilent maintenant sous nos yeux. Et il faut dire qu'à la vitesse de notre train, 25 à 30 km/h, pas plus, on a largement le temps de les admirer. De temps à autre, au bord de la voie ferrée, des Indiens isolés cheminent. Combien sont-ils encore, descendants des rares rescapés d'un véritable génocide ? Peu en tout cas. Rares sont ceux qui ont survécu à l'arrivé des Espagnols au XVe siècle.

Nous venons de dépasser les 4 000 m d'altitude, nos têtes tournent un peu...

Nous passons de vallées profondes en hauts plateaux pierreux. À certains moments, le train doit traverser des gorges vertigineuses, obligé d'avancer sur des voies qui zigzaguent dans les pentes en escaliers. Au loin, on aperçoit les cimes enneigées du Nevado de Cachi qui culmine à plus de 6 000 m d'altitude.

À l'intérieur du wagon, quelques Indiens mâchonnent des feuilles de coca et se partagent le maté, la boisson locale. Nous venons de dépasser les 4 000 m d'altitude, nos têtes tournent un peu. Le train aborde un

haut plateau. Quelques lamas paissent tranquillement, sans prêter la moindre attention au train et à ses huit wagons.

Nous descendons maintenant de quelques centaines de mètres, jusqu'au village minier de San Antonio de los Cobres. Peu avant 14 heures, nous commençons enfin l'ultime montée jusqu'au viaduc de la Polvorilla. L'impressionnant et vertigineux dispositif ferroviaire, qui ressemble plus à une montagne russe qu'à un pont, se dresse à 65 m au-dessus du vide.

À l'arrivée du train, des Indiens, venus de San Antonio de los Cobres, attendent les touristes pour essayer de leur vendre des bonnets andins et des gilets en laine de lama.

De l'autre côté du viaduc de la Polvorilla commence le Chili. Mais c'est une tout autre histoire…

Dans le lointain, se détache le Nevado de Cachi, à plus de 6 000 m d'altitude, avec ses neiges éternelles.

À gauche : à chaque détour de la voie défilent des paysages somptueux formés de hauts plateaux et de vallées profondes.

★ VIEJO EXPRESO PATAGONICO ★
"LA TROCHITA"
PROVINCIA DEL CHUBUT

La Trochita

Notre second voyage en Argentine commence dans la province de Chubut, en Patagonie, et plus précisément à El Maitén, gare de départ de la Trochita.

Ce petit train express nous mènera jusqu'à Esquel, via Leleque, Mayoco, La Cancha et Nahuel Pan. El Maitén et Esquel sont deux bourgs de la cordillère des Andes qui se dressent au milieu d'un paysage rude, nu et battu par les vents.

Nous sommes mercredi, jour du départ hebdomadaire de la Trochita, le trajet va durer sept heures : 200 km parcourus à moins de 30 km/h de moyenne. Nous attendons sur le quai l'arrivée du train, qu'on nous dit imminente. En effet, les volutes de fumée de sa locomotive annoncent son entrée en gare, bientôt suivies par des grincements de freins qui font fuir un groupe de *marás*, de gros lièvres cousins de nos lapins de garenne, qui pensaient pouvoir traverser tranquillement la voie.

Nous embarquons alors dans l'un des derniers trains à vapeur du continent sud-américain. L'adorable Trochita circule en Argentine depuis 1945 ; sa locomotive, une Baldwin de type Mikado, date de 1922. Son entretien est entièrement fait à El Maitén : travaux de menuiserie, de soudure et de métallurgie.

Le train circule sur une voie étroite de 75 cm à travers les paysages éblouissants de beauté de la région de Bariloche et du parc Nahuel Huapí. Il s'arrête à chaque gare pour faire le plein d'eau, car il en consomme 30 litres à chaque kilomètre.

Au cours du voyage, nous arrivons à convaincre le conducteur du train, Antonio, de nous laisser entrer, pour une partie du parcours, dans la locomotive. Après avoir enfourné quelques pelletées de charbon, Antonio se tourne vers nous : « Vous avez faim ? » nous demande-t-il. Sans attendre notre réponse, il passe les commandes à son assistant et me tend un chapelet de saucisses et des steaks : « Ça vous tente ? » Il sort alors de la cabine noire de fumée comme un équilibriste, marche avec précaution à l'avant de la locomotive et pose la viande sur la chaudière brûlante dans un tourbillon de fumée. Nous n'en revenons pas… Il nous crie de loin : « Saignant ou à point ? » La bonne odeur des steaks et des saucisses grillées vient nous chatouiller les narines. Il faut bien nous rendre à l'évidence, nous n'avons pas d'autre choix que de le suivre sur le toit de la locomotive ! Lorsque Antonio se tourne vers nous, nous faisons la moue. L'aspect des saucisses et du steak est… comment dire… inhabituel. La viande grillée est découpée d'une tout autre façon que nous ne le faisons en Europe… en énormes portions. Elle est enfilée sur des épées disposées en rond autour des braises rougeoyantes. Mais quel délice que ce *tiro de asado*, plat de côtes grillées, ce *bife de lama*, genre de faux-filet, et ces chapelets de saucisses ! « Allez ! Bon appétit ! » nous souhaite Antonio avec un sourire en coin.

Retour au wagon. À l'intérieur, une surprise nous attend : dans chacun des six wagons de bois qui composent le train trône un poêle à charbon et à bois. Et autour, des Indiens sont occupés à faire bouillir de l'eau pour préparer le maté. Je repense alors à l'écrivain américain Paul Theroux. Dans son livre *Patagonie Express*, il avait comparé le train à un « samovar sur roues ». Difficile de trouver formule plus appropriée !

ASIE ET OCÉANIE

Le Train des maharadjahs

INDE

Me voici prêt à voyager dans le train le plus exceptionnel du monde. Ce train est loin d'être le seul train de luxe au monde. Mais ce qui le rend unique, c'est la personnalité de ses wagons. Aucun n'est semblable à l'autre et tous portent des noms qui invitent à la rêverie. La totalité des voitures fut aménagée sur mesure pour les maharadjahs. À lui seul, ce mot évoque l'or et les pierres précieuses. Avant l'indépendance de l'Inde, qui les a détrônés, ils étaient immensément riches ; d'ailleurs, les plus grands avaient leurs trains privés. Les wagons portent encore le nom de leurs États princiers : Bikaner, Jodhpur, Alwar, Jaipur, Kota…

En 1981, les chemins de fer indiens – Indian Railways – ont eu l'idée de composer un train pour touristes en réunissant ces wagons. Ils l'ont nommé sans hésiter Palace on Wheels, le Palais sur roues.

Même si sa gare de départ n'est pas facile à trouver – elle est située à l'extérieur de Delhi, la capitale de l'Inde, au milieu d'une zone militaire –, l'accueil est royal. Deux éléphants vous saluent en levant la trompe et leur cornac, juché sur leur dos, sonne du cor. Des jeunes filles, accompagnées de musiciens, vous passent au cou une guirlande de fleurs. C'est un rituel que je connaîtrai à chaque étape de cette croisière ferroviaire d'une semaine à travers la province du Rajasthan. En effet, chaque jour sera l'occasion de découvrir une nouvelle ville, et de me voir offrir de nouvelles guirlandes de fleurs.

Me voilà conduit à mon wagon. Il comporte trois cabines de deux lits, une salle de bains avec douche et un grand salon : canapés, boiseries, tapis épais, fauteuils profonds, rideaux de dentelle. Il a été

Double page précédente : train birman entre Rangoon et Mandalay.

Personnel stylé, wagons fabriqués sur mesure, splendide et puissante locomotive… Le fabuleux Train des maharadjahs mérite bien le nom de Palais sur roues.

La locomotive est sous pression, le train s'apprête à quitter sa gare de départ, située à l'extérieur de Delhi.

conçu en 1918 et l'air y est conditionné. Je sursaute. Comment est-ce possible ? À l'époque ce système n'existait pas. Le steward m'explique que le wagon est une copie de l'original, « identique dans tous les détails, insiste-t-il, avec en plus le confort moderne ». Il y a une quinzaine d'années, on a dû retirer de la circulation les wagons authentiques ; ils étaient en bois, fatigués, et donc dangereux, et de plus, seulement équipés de ventilateurs, insuffisants pour des étrangers peu habitués à la chaleur de l'Inde.

« Voulez-vous du thé ? » me demande le steward. C'est un grand Indien maigre, à la peau sombre, coiffé d'un énorme turban orange. En fait, il sera, tout au long de mon voyage, un véritable valet de chambre personnel, préparant le petit déjeuner servi dans le salon, rangeant la cabine plusieurs fois par jour, toujours présent et silencieux, toujours attendant les ordres. J'en viens parfois à me prendre pour un maharadjah…

Je suis arrivé à 7 heures du soir. Il est 8 h 30, l'heure de dîner. Le train est toujours à quai. Il y a deux wagons-restaurants et deux menus me sont proposés. Un menu occidental et un menu indien. Je choisis le menu indien.

Les écussons des États princiers et des provinces identifient et décorent chacun des wagons de ce train unique.

Arrêt fortuit en rase campagne sous l'œil des villageois venus admirer le train.

Déception ! Les curries et les tandooris sont bien fades comparés à ceux de la plupart des restaurants spécialisés de Paris. « Je vous comprends, me murmure en confidence le maître d'hôtel, mais nous ne voulons pas agresser les palais de nos touristes étrangers. » Après le dîner, je passe par le wagon-bar envahi de consommateurs.

De retour à mon compartiment, je fais connaissance avec mes compagnons de wagon. Ils sont arrivés pendant le repas. Ils occuperont la deuxième cabine, la troisième restera libre. C'est un couple d'Américains de 25 ans environ, Elizabeth et Tom Moore, de Philadelphie. Lui est fils de banquier. Ce qui m'étonnera au cours du voyage, c'est leur émerveillement continuel pour tout ce qu'ils visitent, tout ce qu'ils voient. Ils sont comme des explorateurs ébahis, ravis, qui découvrent un monde inconnu. « *Fantastic !* » répétera sans cesse Elizabeth.

Au bout de quelques jours, quand nous nous connaîtrons mieux, Elizabeth m'avouera qu'en fait ils n'ont jamais pris le train de leur vie. Je suis abasourdi. Comment est-ce possible ? « Nous nous déplaçons toujours en voiture, me précise-t-elle. Et quand les traversées sont très longues, nous voyageons en avion. Le train, nous ne l'avons jamais pris. Mais maintenant que je suis dedans, je l'adore ! » Elle a le regard souriant d'une enfant heureuse.

Double page suivante : la gare d'Agra. La ville, qui abrite le Taj Mahal, est l'une des étapes sur le parcours du Palais sur roues.

Amber est un nid d'aigle qui contrôle une gorge étroite où passe la route de Delhi…

Les empereurs moghols, qui régnèrent plus de deux siècles sur le nord de l'Inde, développèrent une civilisation hautement raffinée dont témoignent ces motifs floraux finement ouvragés. Bien que musulmans, ils n'hésitèrent pas à braver l'interdit religieux de représenter les figures humaines pour illustrer le luxe de leur vie quotidienne.

Le train part à 22 h 45 exactement. Nous roulons toute la nuit. À 5 heures du matin, nous arrivons à Jaipur, notre première étape. On stationne sur une voie de garage pour que les voyageurs puissent continuer de dormir. Sans que je n'aie rien demandé, le steward, toujours impeccable, me réveille et m'apporte un *morning tea*. Ce thé du matin, servi avec un fruit, est une coutume indienne. Le petit déjeuner, copieux – œufs sur le plat, saucisses, céréales, jus de fruit –, sera servi à 9 heures. Puis c'est la visite de Jaipur en autocar à air conditionné.

On a surnommé cette cité, capitale de l'État du Rajasthan, la « ville rose » en raison de la couleur des pierres utilisées pour les constructions. On admire le Hawa Mahal, le « palais des Vents », une élégante façade percée de minuscules fenêtres à écran de pierre ajouré. Les femmes du *Zenana*, le harem du maharadjah, s'y installaient pour observer la rue sans être vues, afin de rompre l'ennui de leur enfermement, une piètre compensation à la réclusion.

Puis c'est le Jantar Mantar, un observatoire astronomique. Il est composé d'instruments de pierre et de bronze d'une taille colossale. Au XVIIIe siècle, ils servirent à réviser le calendrier hindou, à une époque où l'Inde brillait particulièrement dans le domaine scientifique. Nous déjeunons dans l'ancien palais d'été du maharadjah, transformé en hôtel. L'après-midi, en route vers la forteresse d'Amber, à 8 km.

Amber est un nid d'aigle qui contrôle une gorge étroite où passe la route de Delhi. Celui qui tenait ce point stratégique contrôlait la région, ce qui fit la fortune des rajahs de Jaipur. À l'extérieur, Amber a la rudesse brutale du Moyen Âge, à l'intérieur ce sont les appartements exquis de princes raffinés : colonnes de grès rouge sculptées, peintures, écran de marbre aéré d'alvéoles, fresques, salons où des miroirs jouent les trompe-l'œil…

Dissimulées derrière cette façade du palais des Vents, à Jaipur, les femmes du harem observaient sans être vues le spectacle de la rue.

Le grand événement de cette journée, c'est la montée de la pente raide qui mène à l'entrée de la forteresse. Elle se fait à dos d'éléphant pour marquer d'une véritable solennité notre arrivée. C'est ainsi qu'agissaient

les maharadjahs. Accompagné des Moore, je m'installe dans une sorte de nacelle d'osier arrimée sur le dos du pachyderme. Sa marche lente imprime une cadence qui ressemble au balancement d'une barque bercée par la houle. « *Fantastic !* » s'exclame Elizabeth. Pour ma part, je ressens un léger mal de mer.

Le soir venu, nous rejoignons notre train. Nous voyageons de nuit jusqu'à la prochaine étape, Udaipur.

Le train devient vite comme une maison familière que l'on retrouve le soir après le travail...

Ainsi vont les jours de cette croisière à surprises continuelles... dîner, sommeil dans le train et, pendant la journée, la caravane d'une quinzaine d'autocars qui emmènent les voyageurs de lieu en lieu... Visite des temples, des palais en suivant les explications des guides, puis retour à la gare, prêts à reprendre les rails.

Le train devient vite comme une maison familière que l'on retrouve le soir après le travail. On y a ses habitudes, on se fait un groupe d'amis. Très vite s'organisent des tournois de bridge ou d'échecs. On s'invite de wagon à wagon. Certains ne disposent quasiment pas d'un salon ; d'autres, au contraire, sont le royaume de deux voyageurs seulement. Cela dépend de la fantaisie des maharadjahs qui les ont fait construire. Cela tient aussi au prix payé par les voyageurs, un prix modulé selon l'espace, donc le confort, car le luxe est partout.

L'architecture moghole, très influencée par la Perse, a développé un style léger et aérien.

Nous arrivons à Udaipur, le domaine de l'eau. Le palais du seigneur de ce lieu, un immense labyrinthe de salons, d'escaliers, de cours, de halles et de kiosques, domine le lac de Pichhola, encerclé d'arbres et de verdure, au milieu duquel surgit une île abritant un hôtel. Ce dernier fut une résidence d'été princière. On y déjeune sur une terrasse rafraîchie par la brise. L'après-midi, on nous propose une promenade dans un jardin aux bassins couverts de lotus. Dans les ruelles de la ville, les maisons sont ornées de cavaliers, de soldats enturbannés, d'éléphants caparaçonnés.

Toujours selon le même rythme, nous découvrons d'autres étapes et d'autres palais, comme à Jodhpur, à Agra et à Chittaurgarh, dont le fort

est une ruine célèbre en Inde. Attaquées par d'importantes forces musulmanes au XIVe siècle, les femmes des guerriers assiégés se jetèrent dans un bûcher pour périr avec leurs hommes tués en combattant ; dans cet épisode historique, orgueil de caste et preuve d'amour se confondent. Jaisalmer couronne le voyage. Le train roule des heures et des heures dans un désert brûlant. Sable et pierres. Pas une âme. Implacable canicule. Soudain s'élève une ville sur un piton rocheux. Construite en grès jaune, elle semble flotter dans sa muraille renforcée de bastions et de tours. C'était une étape pour les caravanes, une cité de marchands. Ses maisons sont décorées d'une profusion de détails sculptés : divinités, musiciens, danseuses…

Pour le déjeuner, parcours à dos de chameau en vue d'un pique-nique sous la tente. Nous sommes transformés en nomades. « *Fantastic !* » répète encore mon amie Elizabeth.

Comment ne pas lui donner raison !

Le Taj Mahal est la preuve d'amour de l'empereur moghol Shah-Jehan pour sa femme Mumtaz Mahal. Il lui fit construire ce magnifique tombeau de marbre blanc pour qu'elle y repose en paix.

À gauche : la forteresse d'Amber, près de Jaipur, et une résidence d'été érigée par un maharadjah de Jaipur désireux de profiter de la fraîcheur des eaux du lac.

Le Royal Orient

Qu'y a-t-il de plus beau que la locomotive à vapeur du Royal Orient ? C'est un objet d'art, une véritable pièce de collection avec ses tuyauteries de cuivre étincelantes, sa chaudière d'un noir profond et, sur ses flancs, le portrait peint du pandit Nehru, l'un des pères de l'Inde indépendante.
Les 20 voitures qui composent ce « train-croisière » sont toutes ornées de motifs traditionnels gujaratis. Mais c'est véritablement à l'intérieur que le luxe éclate, dans un esprit purement oriental : décorations toutes en volutes, couleurs éclatantes, fantaisie d'innombrables miroirs cousus dans les tentures et les rideaux et collés aux parois du wagon-bar et des wagons-restaurants.
Ajoutez à cela un service qui compte 53 personnes pour moins de 100 voyageurs.
On prend son petit déjeuner dans un salon au bout de chaque wagon. La cuisine indienne est typique, c'est-à-dire fortement épicée, ce qui change de la fadeur voulue des restaurants indiens pour touristes occidentaux à la bouche délicate. Quant à la croisière, elle n'est pas banale, car elle se déroule principalement dans le Gujerat, une province à l'écart des circuits classiques.
Le train part chaque mercredi de Delhi, la capitale de l'Inde. La croisière dure une semaine, de ville en ville, avec retour à la gare de départ. La première halte est la ville de Chittaurgarh, avec son fort et ses 40 km de murailles, puis vient Udaipur, la ville des lacs et des palais.
Le lendemain, le train s'arrête à Junagadh, où sont conservés les édits gravés d'Ashoka, le seul roi bouddhiste dans un pays traditionnellement hindouiste. Les édits, qui datent du IIIe siècle avant J.-C., proclament l'interdiction de tuer les êtres vivants, l'obéissance et le respect dus aux parents et aux religieux, et le bonheur dans ce monde et dans l'autre.
La croisière du Royal Orient est aussi l'occasion de visiter la réserve de la forêt de Gir, où vivent les seuls lions d'Asie encore existants – environ 200, pas plus –, et Palitana, sur les collines de Sátrunjaya. La ville abrite plus de 800 temples de marbre. C'est là que prend sa source le culte des jaïns, une secte religieuse dont la philosophie du respect de la vie est poussée à l'extrême. Au point que, lorsqu'ils sont malades, ils se refusent à prendre des médicaments afin de ne pas tuer les microbes !
Le train nous transporte ensuite à Ahmadabad, capitale de la province, avec son industrie textile et son musée Calico riche d'une collection de splendides étoffes de coton peintes, de tentes de soie destinées aux harems et de tissus brodés d'or… Non loin de là, on ressent la plus grande humilité en visitant l'ashram du Mahatma Gandhi. Un ashram est, pour un maître à penser, un lieu de retraite et d'enseignement pour ses disciples. Gandhi y revenait toujours au cours de sa longue lutte non violente.
Avant le retour à Delhi, le train s'arrêtera enfin à Jaipur, la ville rose, pour clore un voyage décidément conçu pour des amateurs curieux… et éclairés !

Delhi-Calcutta

INDE

Prendre le train en Inde, c'est aller au-delà du voyage lui-même, car c'est pénétrer, en quelque sorte, dans l'intimité des Indiens. Cela tient à la vie des gares, à celle des trains.

Dans ce pays, la gare n'est pas seulement un bâtiment où l'on prend le train, c'est un lieu de vie permanent. Les Indiens ont une notion du temps différente de la nôtre. Nombre de voyageurs arrivent des heures, voire des jours à l'avance. Ils choisissent un coin retiré et s'installent comme chez eux. On déplie un drap sur le sol, on couche les bébés, on assoit la grand-mère, une partie de la famille se balade dans la gare, les femmes font la cuisine et parfois même la lessive…

Sur les 4,1 milliards de voyageurs transportés chaque année par les chemins de fer indiens, nombreux sont ceux qui ne prennent jamais de billet. C'est le cas de ces Indiens, massés sur le toit du train au départ de Delhi.

Monter dans le train est une tout autre affaire. Nous sommes à Delhi, la capitale. Direction Calcutta. C'est la grande ligne du Nord, la plus fréquentée. Quais encombrés… Vendeurs de toutes sortes… Porteurs pliés sous d'énormes bagages… Cohue… C'est la ruée pour entrer dans les wagons de la deuxième classe populaire. Une aventure ! Tout est différent si vous voyagez en première classe. Vous aurez retenu votre place à l'avance. Un employé vous contrôlera à l'entrée de votre wagon. Si vous ne voyagez pas en air conditionné, de nombreux ventilateurs tourneront au plafond pour vous rafraîchir. C'est le confort, et à un prix tout à fait abordable pour nos porte-monnaie.

Il est 7 h 30. Le train n° 3008 est à quai. Avant d'embarquer, je vais saluer le conducteur de la locomotive, que j'ai connu au dépôt. Il se nomme Vikram Adinatha. Il est long et maigre avec un visage résolument têtu. Il a 46 ans. Sur la tablette de sa machine, il a posé la statuette du dieu qu'il vénère, Ganesha, au corps d'homme et à la tête d'éléphant.

Un porteur de bagages devant la gare d'Agra. Les porteurs transportent jusqu'à 60 kg posés ainsi sur leur tête.

« Je ne voyage jamais sans lui, me dit-il. C'est pourquoi je n'ai jamais eu d'accident et n'en aurai jamais. » Ganesha est supposé abattre les obstacles. C'est principalement le dieu des commerçants, mais aussi des voleurs ! « Il y a officiellement 33 millions de dieux dans notre religion, poursuit Vikram. Chaque hindou choisit le sien. » Manifestement, il en est fier. Vikram allume un bâton d'encens devant la statuette. Il joint les mains devant son visage, ferme les yeux et s'adonne à la prière. Je le quitte sans le déranger.

Colorée, pétulante, débordante de vie... Telle est l'ambiance des trains en Inde...

Sur le quai, je rejoins mon porteur qui m'a miraculeusement trouvé une place en deuxième classe. En fait, lorsque je m'installe, je découvre que ce n'est pas si miraculeux que cela, car la foule qui se ruait sur les wagons s'est parfaitement organisée. Il reste même des places libres. 8 h 05. Nous partons. Bientôt, nous roulons à l'extérieur de Delhi, dans la grande plaine. Le soleil est encore jeune, il rougeoie sur les champs. Autour de nous, toutes les terres sont cultivées. Nous croisons de nombreux villages, reliés par des chemins sur lesquels roulent lentement des chariots aux grandes roues de bois, tirés par des buffles et débordants de cannes à sucre.

L'attente fait partie du voyage. Il est rare de voir s'énerver les voyageurs indiens. Jamais de cris : la patience est inscrite sur les visages et dans le calme des attitudes.

Aux côtés des millions de divinités hindouistes, Bouddha (en haut) veille avec bienveillance sur les voyageurs en partance.

À bord du train, le petit déjeuner est servi. On a le choix. Première solution, le prendre à sa place : une fois la commande enregistrée, un garçon en veste blanche se fraiera un chemin dans les couloirs pour m'apporter un plateau. Je choisis la seconde solution : aller au wagon-restaurant, c'est plus pittoresque. Je m'insinue dans le couloir. Avant d'atteindre la salle à manger, je longe la cuisine. Le spectacle en vaut la peine. Un large fourneau de fonte, chauffé au bois, ronronne d'un feu d'enfer. La chaleur est étouffante malgré le vent, projeté par la vitesse, qui s'engouffre par les fenêtres ouvertes. Les cuisiniers ont la chemise mouillée de sueur. À cause des soubresauts du train, ils dansent d'un pied sur l'autre tout en grillant et beurrant les toasts, brouillant les œufs ou les faisant roussir sur le plat, rôtissant des saucisses, coupant des tranches de papaye et d'ananas,

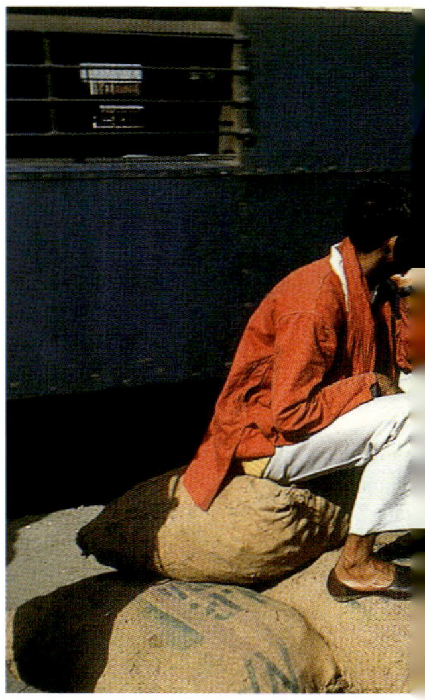

mélangeant thé et lait... Toutes les tables sont prises. Tranquillement, j'attends mon tour. J'ai le temps. Il y aura un déjeuner, un dîner, puis un autre petit déjeuner et encore un autre déjeuner avant d'arriver à Calcutta.
Colorée, pétulante, débordante de vie... Telle est l'ambiance des trains en Inde. Si elle nous surprend par sa vitalité, c'est qu'on ne soupçonne pas l'importance du réseau. Les Indian Railways (les chemins de fer indiens), ce sont 4,1 milliards de voyageurs transportés par an – plus de 10 millions par jour –, un record du monde. 7 000 gares, 1,5 million de cheminots... Ce sont aussi, sur le versant négatif, quatre écartements de voies qui ne se raccordent pas entre elles. Un cauchemar pour les spécialistes du roulement.

Sur l'ensemble du réseau indien, il ne reste plus que quelques locomotives à vapeur encore en service.

Le réseau ferré est une nécessité nationale. S'il existe d'innombrables petites routes qui convenaient très bien à ce qui a été pendant des siècles une économie rurale, il n'y a pas d'autoroutes, sauf quelques-unes à la sortie des très grandes villes. Les chemins de fer sont le réseau artériel de ce grand corps de plus de 3 millions de kilomètres carrés. Grâce à eux, les marchandises circulent sur toute son étendue. Le train assure la cohésion économique mais aussi politique. Sans lui, l'Inde risquerait de s'émietter en États indépendants que son nombre d'habitants (1 milliard) et celui de ses différentes langues (15) ou de ses dialectes (1 637) justifieraient dangereusement. Quinze langues, ce sont pratiquement quinze nations différentes.

On roule. Le paysage n'a pas changé. La terre est toujours aussi cultivée. Elle est sèche sous la couverture verte et la bise soulève la poussière. L'horizon est voilé ; il n'y a pas de lointains. Nous sommes dans l'après-midi : les champs sont vides à cause de la chaleur.

À l'arrêt des grandes stations, le tohu-bohu réveille tout le monde…

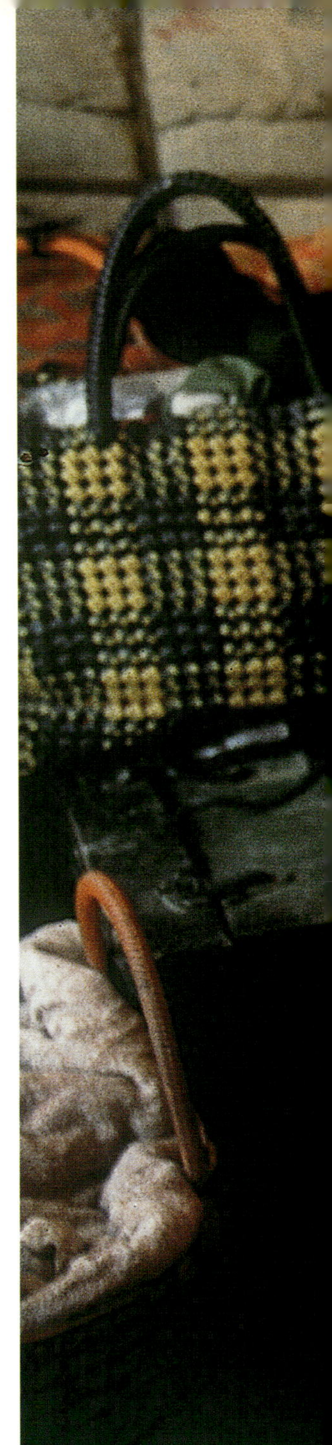

Le train tout entier fait la sieste. De compartiment en compartiment, on s'arrange pour se donner de la place. On empile les bagages dans un coin. Les banquettes, le sol entre les banquettes et même les porte-bagages servent de couchettes. Rares sont les voyageurs qui ne sont pas à l'horizontale. On déploie les *beddings*. Le *bedding* est une sorte de sac de couchage qui comprend draps et couvertures. J'en ai un. Je trouve une place dans le couloir, près de la porte, et m'installe. On dort. En effet, la sieste n'est pas une somnolence de quelques minutes. C'est un véritable sommeil qui peut durer une heure ou deux, parfois plus. Lorsqu'on se réveille, on referme le *bedding* et plus tard, pour la nuit, on le dépliera de nouveau. Comme dans les gares, chacun se sent chez soi dans le train.

À l'arrêt des grandes stations, le tohu-bohu réveille tout le monde. Les cris des vendeurs parcourent les couloirs. On peut acheter des *vadaï*, beignets de lentilles au poivre, des *kahir-sadam*, mélange de riz au curry et de yaourt enveloppé dans un morceau de feuille de bananier, des biscuits, des fruits.

La nuit passe, et un autre matin. On a changé trois ou quatre fois de voyageurs, avec toujours le même tumulte sympathique que j'ai connu au départ.

35 km/h est la vitesse moyenne. Encore faut-il espérer qu'il n'y ait pas d'arrêt en rase campagne en raison de la candeur de certains voyageurs, des paysans qui ne voyagent presque jamais. Lorsque le train passe devant leur village, ou à proximité, ils tirent la sonnette d'alarme pour descendre. Ils ne comprennent pas pourquoi ils devraient aller jusqu'à la station suivante, puisqu'ils sont arrivés chez eux ! Jugez des conséquences : arrêt de tout le trafic de la ligne, près d'une heure de perdue pour des dizaines de trains.
Nous arrivons à Calcutta. Nous avons mis trente-quatre heures pour couvrir les 1 440 km. Certes il y a des trains plus rapides, en particulier le Radjani-Express. C'est un train de nuit et de luxe, au tarif élevé… Mais on ne profite pas du paysage et on perd surtout le contact des foules débordantes des trains populaires, porteuses de fureur pittoresque, ce désordre ébouriffé qui donne à l'Inde son charme incomparable.

Le point rouge sur le front de cette jeune-femme représente l'œil de la connaissance, qui jamais ne se ferme.

Ces familles se sont installées sur la voie pour la nuit, en attendant le train. Elles ont dressé un campement provisoire qu'elles lèveront au petit matin, lorsque le train entrera en gare.

Le chemin de fer himalayen de Darjeeling

Je suis sûr que, comme moi, vous tomberez amoureux de ce petit train à vapeur qui circule depuis 1881 et transporte hommes et denrées sur un peu plus de 80 km, du niveau de la mer jusqu'à plus de 2 000 m. Aujourd'hui encore, il grimpe vaillamment à l'assaut du massif himalayen, en Inde, dans les plaines du nord du Bengale. L'Unesco ne s'y est pas trompé et l'a classé au patrimoine mondial de l'humanité en 1999, honneur jusqu'alors réservé au seul chemin de fer de Semmering, en Autriche. Le train part de la vallée, à New Jalpaiguri ou à Siliguri, pour relier Darjeeling, à 2 185 m d'altitude. Quelque 13 km avant l'arrivée, il vous fera faire un arrêt dans la deuxième gare la plus haute du monde, après celle de Cuzco au Pérou : la gare de Ghoom. Vous serez alors à près de 2 500 m d'altitude.

Construit à l'origine pour favoriser le commerce du thé et pour amener de la vallée les vivres et légumes frais qui manquent en haute altitude, le train de Darjeeling, appelé aussi le Toy Train, le Train Jouet, est sans aucun doute le train à vapeur à voie étroite le plus spectaculaire du monde. Pour aborder les pentes de la chaîne himalayenne, il franchit plus de 500 ponts, enchaîne les zigzags, les boucles en spirale et les passages en Z. Ces derniers constituent certainement la particularité technique la plus étonnante du parcours : le train s'arrête, effectue une marche arrière sur une rampe annexe, puis repart en marche avant. L'ascension est ainsi divisée en trois étapes qui permettent de triompher des pentes les plus raides.

Dans les années 1930, la ligne compta jusqu'à 50 locomotives à vapeur qui assuraient, chaque jour, une bonne dizaine d'allers-retours. Aujourd'hui, une douzaine d'entre elles restent encore en activité et deux trains assurent quotidiennement la liaison dans les deux sens.

Le voyage dure neuf heures et offre la traversée de sites éblouissants de beauté, entre cascades et précipices. Le train roule d'abord dans la plaine sur une quinzaine de kilomètres, puis il commence sa lente ascension, pénétrant dans la jungle, traversant les forêts de pins, de bambous géants et les gigantesques plantations de thé qui ont fait la réputation de Darjeeling. La vue sur la chaîne de l'Himalaya est inoubliable. Vous pourrez admirer par temps clair le plus haut sommet du monde, le mont Everest, et le troisième sommet, le Kanchenjunga. L'entrée dans la ville est originale : le train emprunte la rue principale, au milieu des étals de légumes, des artisans au travail et des jeux d'enfants.

Séduit par les charmes de ce train jouet au parcours vertigineux, peut-être déciderez-vous un jour de faire partie de l'association des Amis du chemin de fer himalayen de Darjeeling pour que ce valeureux petit train puisse continuer à nous enchanter et à enchanter les générations futures ?

L'Eastern & Oriental Express

SINGAPOUR, THAÏLANDE

L'accueil des voyageurs de l'Eastern & Oriental Express participe d'un décor qui annonce des fastes dignes des *Mille et Une Nuits*. Cela va bien avec le nom de ce train que l'on pourrait tout aussi légitimement nommer Super-Oriental. Traversant la Malaisie, il va nous conduire de Singapour à Bangkok, la capitale de la Thaïlande, en deux jours et deux nuits.

Sur le quai, une longue ligne de serviteurs vêtus de blanc courbent la tête respectueusement. Ils saluent les arrivants les mains jointes devant le visage, à la manière déférente des hindous. Des hôtesses attendent aux portières. Avec elles, nous sommes immergés dans une Thaïlande de fête. Elles portent longues robes de soie rutilante, bijoux et maquillage de princesse, et conduisent les voyageurs dans une voiture-salon noyée d'orchidées, où l'on sert un champagne de bienvenue.

Des hôtesses, vêtues de magnifiques ensembles de soie, attendent les passagers aux portières.

Le train part. Chacun a rejoint sa cabine, elle aussi décorée de nombreuses fleurs. On défait les bagages, on pend ses robes, ses costumes, car pendant ces quelques jours de trajet, il sera de bon ton de changer plusieurs fois de tenue.

Le train roule lentement le temps de sortir de Singapour. Ce n'est pas long, car cette cité-État unique au monde est une île exiguë : elle représente un millième seulement du territoire français et compte 3,5 millions d'habitants. Elle est si petite que plus de la moitié de la superficie est couverte de maisons, de bureaux. Nous traversons des quartiers où les usines d'électronique et de technologie de pointe sont collées les unes aux autres.

L'accueil de l'Eastern & Oriental Express : fleurs et couronnes pour les passagers de ce train de luxe.

L'intérieur d'une cabine, entièrement habillé de boiseries odorantes.

Les habitants de Singapour sont principalement chinois, mais ils cohabitent avec de fortes minorités malaises (15 %) et indiennes (8 %). En fait, la nationalité singapourienne est encore récente et le sentiment d'appartenance à la communauté d'origine très puissant. Ce qui unit ces hommes et ces femmes de cultures si éloignées, c'est la prospérité, acquise par le travail et la discipline dans une Asie souvent bouleversée par des désordres politiques et économiques.

C'est d'ailleurs un banquier singapourien qui occupe l'une des suites royales du train. Il est Chinois, la soixantaine, aux longues mains osseuses, aux pommettes saillantes. Il se nomme M. Li-Kiang-Siu. Il va traiter des affaires à Bangkok. Plutôt que de prendre l'avion, il a préféré l'Eastern & Oriental Express, deux jours de solitude qui lui permettent de méditer ses dossiers. Il dispose d'une chambre à coucher et d'un salon.

Le paysage a complètement changé depuis Singapour. Tout n'est plus que verdure, abondance d'arbres...

Le service est impeccable : café, thé, pâtisseries sont disponibles à toute heure. Dans tout le train, on ne trouve aucune décoration surchargée. Il s'agit plus de raffinement que de luxe : parois recouvertes de boiseries odorantes, fauteuils larges et confortables, appliques de bronze doré.

Luxe... ou raffinement ? Entre les deux, la différence est énorme. Le luxe implique l'or, l'argent, les pierres précieuses, les parfums capiteux, ce qui nécessite beaucoup d'argent. Le raffinement, au contraire, se satisfait de choses simples pourvu qu'elles soient d'une extrême qualité : un bloc de jade brut mais très pur, une branche d'arbre curieusement polie par un torrent... Avec des variantes adaptées aux différentes voitures, tout le train a été conçu et réalisé selon cette notion d'excellence.

Le paysage a complètement changé depuis Singapour. Nous arrivons sur les terres de la Malaisie. Tout n'est plus que verdure et abondance d'arbres. Nous traversons d'immenses plantations d'hévéas, l'arbre qui produit du latex dont on tire le caoutchouc, une des richesses de la région. On y aperçoit des équipes de travailleurs malais, en short, torse nu, qui saignent les arbres et laissent couler un lait immaculé dans de petits pots.

Plusieurs conducteurs se relaieront au cours de ce trajet qui relie Singapour à Bangkok en deux jours et deux nuits.

Après le déjeuner, tout le monde se retrouve à la voiture-salon, un piano-bar. Musique douce. Café, liqueurs. Les garçons s'agenouillent pour servir. C'est plus que surprenant. J'avoue être désorienté par la gestuelle du serveur, mais il faut que je me place dans le contexte extrême-oriental. En fait, il n'y a rien là de véritablement obséquieux. Il était commun, il y a quelques générations, que tous les domestiques servent à genoux sans perdre leur dignité ; c'était une tradition ancrée dans les mentalités. Aujourd'hui, cette coutume est réservée aux membres de la famille royale, princes et princesses. Nous sommes bien dans un univers raffiné.

Le train se compose de 23 voitures dont ce piano-bar, deux restaurants, un salon-bibliothèque, deux voitures pour le repos du personnel, le reste étant des wagons-lits. Le personnel est composé de 43 personnes – barmans, serveurs, hôtesses – pour 132 voyageurs. S'y ajoute un mage. C'est un curieux personnage qui en impose par son allure. Grand, maigre, les gestes délicats, il est chinois mais coiffé d'un turban à la mode indienne. Ses mains sont ornées de bagues, ses poignets de bracelets et il est vêtu de soie blanche. Il est installé dans un coin sombre du salon-bibliothèque pour ajouter au mystère de l'avenir dévoilé. Devant lui sont

L'ambiance raffinée de l'un des deux wagons-restaurants de l'Eastern & Oriental Express.

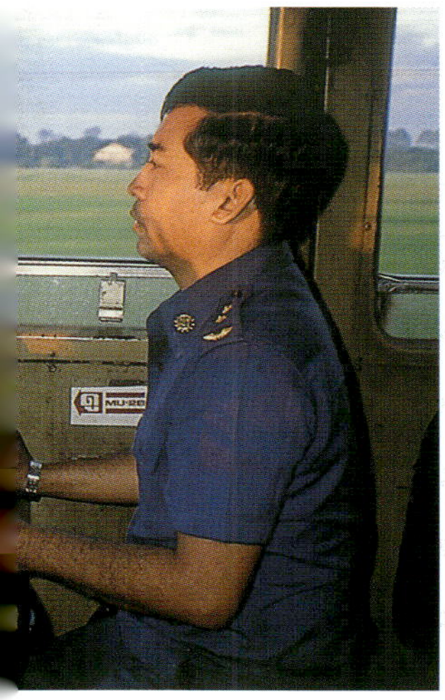

Double page suivante : une femme-oiseau, divinité protectrice du panthéon religieux thaïlandais, dans le palais impérial de Bangkok.

disposés des tarots hindous et chinois, mais il décrypte aussi les lignes de la main. Ses entretiens durent longtemps et on fait la queue pour le consulter.

Dans l'après-midi, après la sieste – une habitude sacro-sainte dans cette partie du monde –, je vais dans la dernière voiture. L'arrière est largement ouvert, ce qui donne une belle vision dégagée et panoramique du paysage. L'air rafraîchit le visage. Le ballast est rectiligne. Les rails défilent. Dans le lointain, ils paraissent se rejoindre alors que les arbres des plantations semblent engloutir la voie.

Avant même son premier voyage, le train avait déjà fait un demi-tour du monde...

L'histoire de l'Eastern & Oriental Express est une véritable aventure de dimension internationale. Le train a été construit en 1971 par les Japonais pour le compte de la Nouvelle-Zélande. Très vite opérationnel, on le nomma la Flèche d'argent. Mais bientôt on découvrit que l'intérieur des wagons était revêtu d'amiante pour prévenir les incendies. La mise au jour des effets hautement toxiques de cette fibre minérale fut à l'origine d'une grève très dure et le propriétaire du train fit faillite. C'est alors qu'un richissime Américain entra en scène. Passionné de chemins de fer – il avait déjà créé le prestigieux Venice Simplon-Orient-Express –, il acheta le train abandonné et son premier souci fut de le redécorer. Il fit appel à un Français qui dessina les plans et les fit réaliser en Angleterre. On transporta ensuite le matériel par bateau jusqu'à Singapour. Ainsi, avant même son premier voyage – le 26 septembre 1993 –, l'Eastern & Oriental Express avait déjà fait un demi-tour du monde.

En haut : à la gare de Kuala Lumpur, des moines attendent en silence l'arrivée de leur train.

Les plantations d'hévéas n'en finissent pas de défiler. Il est 20 heures, le dîner est prêt à être servi. Le chef est anglais, mais il a travaillé en France, aux États-Unis et à Singapour. C'est dire que le menu est cosmopolite. Nombre de voyageurs sont en smoking. Pas tous, mais la tenue est stricte. Minuit. Nous traversons lentement Kuala Lumpur, capitale de la Malaisie, le temps d'admirer les tours jumelles brillamment éclairées qui percent la nuit. C'est un record du monde : 443 m de haut, 159 m de plus que la tour Eiffel, plus hautes que le plus haut gratte-ciel d'Amérique.

Le lendemain matin, visite à l'île de Penang, histoire de se dégourdir les jambes et d'admirer le quartier chinois. Et le surlendemain, avant d'arriver à Bangkok, nous franchirons un pont. Pas n'importe quel pont, certainement le plus célèbre au monde : le pont sur la rivière Kwaï. Le train s'arrête. On passe à pied et sans attendre. Immédiatement, on se rend compte que, malgré son nom légendaire, le pont est loin d'être la superbe construction de bois du film : c'est un simple tablier métallique conçu pour supporter des rails… et, contrairement à la fiction cinématographique, jamais un commando de parachutistes ne le détruisit. Mais ce qui est vrai, ce sont les milliers de prisonniers de guerre qui moururent sur la voie ferrée, et pour certains sur ce pont.

Bientôt, nous voici arrivés à Bangkok, ses quartiers de plaisir et, surtout, sa cité royale où brillent les mosaïques chatoyantes de ses palais, ses toits vernissés éclatants, ses statues de dieux et de démons incrustés de pierres précieuses. C'est une magie de formes, de matières et de couleurs… à la fois luxe et raffinement.

La vie thaïlandaise est profondément imprégnée par la religion bouddhiste. Ci-dessus, de jeunes moines dans les ruines de Sukhothai, qui fut la capitale de la Thaïlande jusqu'au XIIIe siècle. À gauche, une offrande de fleurs à une statue de Bouddha au palais impérial de Bangkok. Chaque vœu doit s'accompagner d'un cadeau.

18

Le Shinkansen

JAPON

Pénétrer une mentalité aussi éloignée de la nôtre que celle des Japonais n'est pas chose facile. Réussir à la comprendre permet d'appréhender plus profondément et plus facilement ce monde si différent.

Cette chance m'est offerte par la Japan Railways, la compagnie des chemins de fer japonais. Ils m'ont invité à bien connaître un de leurs employés en l'accompagnant dans son travail. J'ai choisi un conducteur de Shinkansen. Il se nomme Takanuki Atakeyama. Ce Japonais de 39 ans est plutôt petit, nerveux, l'œil sévère, un visage mince aux pommettes fortes et saillantes. Quant à la vigueur de sa poignée de main, je ne la connaîtrai jamais car nous ne nous sommes toujours salués que par d'innombrables petites révérences.

Fuselé et profilé, le « Train obus », apparu en 1964, est le précurseur des trains à grande vitesse.

Ce Shinkansen que conduit Takanuki – souvenez-vous – a surpris tout le monde lorsqu'il est apparu en 1964. Par sa forme et sa vitesse exceptionnelle pour l'époque, on l'a surnommé le Train obus. Il est le précurseur du TGV français et, aujourd'hui, son concurrent redoutable sur le marché mondial de la grande vitesse.

J'ai dû me lever tôt. J'ai rendez-vous à 6 heures du matin à la gare centrale de Tokyo avec Takanuki. Il m'attend dans un bureau très simple à la froide lumière de néon. Il est vêtu d'un uniforme gris-bleu, chemise blanche, cravate bleue, une casquette de type militaire sur la tête, gants blancs.

Derrière un comptoir, un employé en civil, tout aussi impeccable, nous accueille. Takanuki et l'employé se saluent de trois courbettes et l'employé fait un long discours sur la vitesse à maintenir par segment du parcours, les travaux sur les voies, les trains croisés…

Avant le départ du Shinkansen, le chef de train jette un dernier coup d'œil sur le quai. Entre Tokyo et Osaka, les départs se succèdent toutes les quatre minutes en moyenne.

C'est ce que me traduit Takanuki dans un anglais haché. Puis ils contrôlent l'heure exacte sur leurs montres et, après force révérences, Takanuki salue militairement en claquant des talons et nous sortons.
Le nombre incalculable des saluts et des révérences que les Japonais s'adressent et leur raideur martiale m'étonnent. Un Français connaissant bien les mœurs nippones m'en a donné une explication : « Non, les chemins de fer ne sont pas l'armée. Ce salut qui vous surprend est une forme de conscience de soi et de l'autre. C'est aussi une marque de respect pour le travail. Une dignité. Personne ne dérogerait à cette tradition. »

Notre train roule sur une voie surélevée qui taille au milieu des quartiers de maisons...

Le train est à quai, tout blanc, avec sa motrice au museau allongé et surbaissé pour fendre l'air. Dans la cabine, Takanuki contrôle tout avec une grande minutie. Les portes sont ouvertes, mais les voyageurs attendent. Ils sont extrêmement disciplinés. Ils ne se précipiteront que quinze minutes avant le départ, selon le règlement, mais le feront alors avec frénésie. En effet, contrairement au TGV, il n'est pas nécessaire de réserver sa place et beaucoup de voyageurs restent debout.
7 h 30, le train part. Direction Osaka, à 515 km au sud-ouest de Tokyo. Simultanément, nombre d'autres Shinkansen quittent la capitale. Dans la journée, il en part un toutes les quatre minutes en moyenne. Aux heures de pointe, c'est même un toutes les minutes et demie. Un véritable métro. En revanche, aucun Shinkansen ne part la nuit.
Notre train, extrêmement confortable et d'une ponctualité exemplaire, roule sur une voie surélevée qui taille au milieu des quartiers de maisons. Le développement urbain est tel que toute cette partie du pays est une mer de béton, ce qui pose un problème grave pour la vitesse des trains. En effet, la loi n'autorise qu'une nuisance auditive de 83 dB à 2,50 m de la voie. De ce fait, les trains sont forcés de rouler à toute petite vitesse sur des centaines de kilomètres, un frein pour la dynamique du réseau.

Il aurait fallu prévoir un tracé différent, mais après la Seconde Guerre mondiale, qui avait détruit les principales infrastructures, la création

Les Shinkansen circulent la plupart du temps dans un milieu hautement urbanisé qui impose des contraintes contre le bruit et limite donc la vitesse.

du Shinkansen répondait au désir de parachever la reconstruction tout en modernisant le pays. D'ailleurs, le mot Shinkansen ne fait pas référence à la vitesse mais signifie « nouvelle ligne importante ». Les Shinkansen forment un réseau indépendant au sein des chemins de fer nippons.

Le 1er octobre 1964, on inaugura la première ligne Tokyo-Osaka à 210 km/h en service régulier. À l'époque, personne ne croyait cela possible ! Seule la France releva le défi avec le TGV et ses 300 km/h en service normal, et le record du monde à 513,3 km/h. Le Japon était dépassé.

Par cette matinée lumineuse, le train file dans une campagne de petits carrés de rizières cultivés avec minutie, comme tirés au cordeau, par des paysans courbés les pieds dans la boue. En fait, le territoire ne nourrit pas la population. Il faut importer du riz, du blé et de la viande, car les montagnes couvrent 71 % de la superficie du pays.

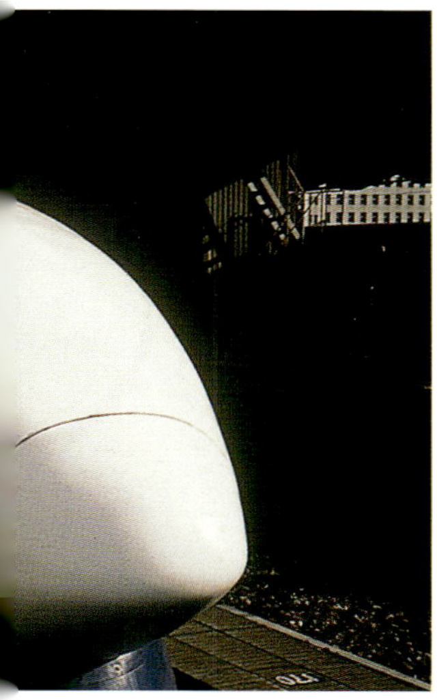

Et les tremblements de terre – environ 500 secousses telluriques d'importances variables enregistrées chaque année – sont un cauchemar et un danger permanents pour les chemins de fer ! Pour essayer de prévoir ces catastrophes naturelles, on a installé des sismographes le long des voies, sur les ponts et sous les tunnels. À la moindre vibration du sol, leurs signaux impérieux arrêtent automatiquement les trains.

Il est midi. M'étant levé et ayant pris mon petit déjeuner bien avant l'aube, j'ai très faim. Je me dirige vers le wagon-restaurant. Je dois traverser une grande partie du train. Aux voitures ouvertes, qui ressemblent à celles du TGV, avec leur couloir central et leurs sièges bien alignés, succèdent des wagons spéciaux à compartiments. Ce sont de petits appartements de première classe avec tables, chaises et fauteuils, loués par des hommes d'affaires qui y organisent des réunions de travail. On tape sur son clavier. On téléphone. Des stewards servent à boire et à manger. Au Japon, il n'y a pas de temps à perdre !

Les tremblements de terre sont un cauchemar et un danger permanents pour les chemins de fer...

Le wagon-restaurant est panoramique. Le paysage changeant s'étend au loin et défile pendant que je déjeune. Je suis servi à la place par des jeunes filles vêtues de robes bleu marine très strictes. Un tablier blanc à dentelle leur serre la taille. Pas de menu écrit, le choix est présenté dans une vitrine sous forme de plats reproduits en plastique ou en cire, aux couleurs appétissantes. Je montre du doigt des pâtes et du poisson.

Le service est d'un esthétisme surprenant : assiettes, plats, raviers sont en laque d'un rouge profond. Pas de couverts mais de fines baguettes laquées elles aussi. La commande est apportée sur un plateau orné d'une fleur fraîche. Conformément à la tradition, la serveuse m'adresse trois petites courbettes.

Cette intégration dans une structure, ce respect des règles établies pour la déférence, pilier du système de vie japonais, je l'ai trouvé confirmé en allant rendre visite à Takanuki dans la cabine de la motrice. Cela fait plus de quatre heures qu'il conduit et il n'a pas enlevé sa veste, pas desserré sa cravate, il garde sa casquette sur la tête et il conduit toujours en gants

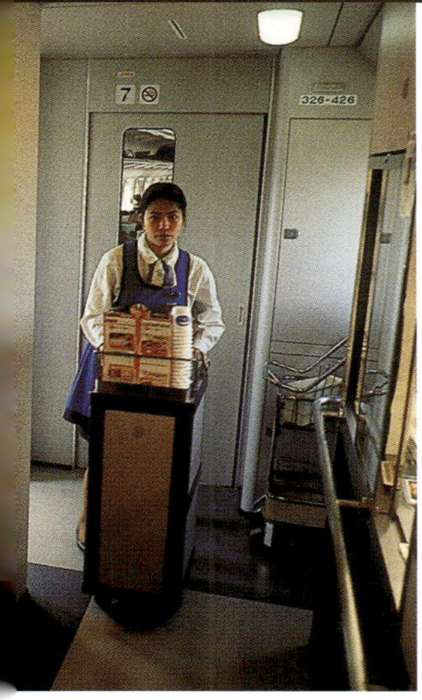

blancs. Qui plus est, il parle tout seul ; à chaque embranchement, à chaque signalisation, il proclame d'une voix forte, par exemple : « Le train a passé le feu n° 70. L'horaire est respecté. Tout va bien. » Puis, un peu plus tard : « Le train a passé le feu n° 71. L'horaire est respecté… etc., etc. »

Je sais qu'il s'agit de contraindre les conducteurs à la vigilance, mais, aujourd'hui encore, je ne peux oublier l'image insolite de cet homme, dans sa cabine, impeccablement habillé, déroulant en une litanie monocorde les détails d'un voyage qu'il a accompli des centaines de fois. Au Japon, la sérénité commence par l'obéissance.

Le wagon-restaurant panoramique est apprécié par les hommes d'affaires japonais. Ils s'y font servir des plats dans de jolis raviers par de jeunes hôtesses aux strictes robes bleues.
Le Shinkansen dispose également de bars et propose une vente ambulante.

Rangoon-Mandalay

BIRMANIE

À Rangoon, capitale de la Birmanie, ce pays qu'on appelle aujourd'hui Myanmar, la maison de notre conducteur de locomotive est située dans un parc. C'est un lieu plein de charme. Elle est en bois, sur pilotis, à l'ombre des arbres, et appartient aux chemins de fer. Il la loue à la compagnie pour une somme dérisoire. Il y passe la plupart du temps car son travail n'est pas absorbant : il conduit pendant dix heures et se repose deux jours. Et il y a les vacances et les fêtes religieuses, très nombreuses. Il se nomme U-Mitu. Il a 42 ans. Timide, il est néanmoins toujours souriant. Sa femme et ses deux enfants sont absents ce matin.

L'intérieur de sa maison étonne par l'abondance de statuettes. Il faut aborder l'univers birman sur la pointe des pieds tant c'est un monde à clefs, à symboles incompréhensibles aux non-initiés que nous sommes. Nous avons donc pris un guide pour nous aider dans cette tâche. Il s'appelle U-Tinte. Il a 22 ans et veut être professeur de français : « Nous autres Birmans, m'explique-t-il avec une certaine emphase, sommes entourés de puissances maléfiques prêtes à nous assaillir. »

Une jeune Birmane fumant un « cheroot », cigare parfumé au miel, à l'ananas et au tamarin.

Dans un angle de la salle à manger, un autel familial noyé de fleurs. U-Mitu, notre conducteur, y dépose des mangues et des oranges. C'est le domaine des Nats, les âmes errantes qui peuvent être cruelles ou protectrices, selon les prières ou les offrandes qu'on leur fait. Officiellement, elles sont au nombre de trente-sept et portent des noms poétiques, telles les statuettes posées sur l'autel : la Belle trois fois belle, le Seigneur blanc, la Dame aux flancs dorés… « Heureusement, leur malfaisance peut être corrigée par les Zicoué », affirme notre guide. Il me montre les statuettes de deux chouettes aux corps

Le bouddhisme theravada est la principale religion en Birmanie. Sa pratique est très proche de l'enseignement du maître.

Le train qui relie la capitale birmane à Mandalay, la deuxième ville du pays, est pris d'assaut par les Birmans. Y trouver une place relève du défi.

peints en rouge et aux yeux noirs démesurés. Elles apportent santé et chance. « C'est ce que vous appelleriez notre côté superstitieux, commente mon guide. Mais nous sommes surtout bouddhistes », insiste-t-il fièrement. Il traduit au conducteur, qui acquiesce. Oui, il est profondément croyant, confirme-t-il, et lorsqu'il sera à la retraite il oubliera vite les locomotives et deviendra serviteur des moines de la pagode voisine. Il priera. Il sera heureux. Cette religiosité, teintée de magie, qui règne sur la Birmanie, nous la retrouverons tout au long du voyage.

Notre guide et nous nous donnons rendez-vous à la gare de bonne heure, le lendemain matin. Direction Mandalay, la deuxième ville de Myanmar, au nord. Nous saluons U-Mitu, qui est déjà installé dans sa locomotive, une Alsthom D.F. 2001. Ce constructeur français domine le marché de la traction dans ce pays. Il a fourni 151 locomotives sur un parc de 260, les autres étant de très anciennes locomotives allemandes, chinoises ou japonaises, disparates et vétustes.

Le train roule lentement le long de l'Irrawaddy. Ce fleuve puissant est la colonne vertébrale du pays...

Nous sommes partis. Le train compte 16 voitures, et tout de suite le pittoresque nous surprend. Sur la banquette, en face de moi, trois jeunes filles se maquillent. Elles ont 18 ans à peine, de longs cheveux noirs et des yeux de jais. Leur maquillage n'est pas banal. Sur le nez, les joues, le front, elles appliquent une pâte végétale blanche. Avec un peigne, elles dessinent des volutes. C'est le *tanaka*, au léger parfum de citron. Ce mélange nourrit la peau, la rafraîchit et protège du soleil. « Dans les temps anciens, nous explique notre guide, on ajoutait à la pâte de la poudre d'or. Mais le *tanaka* a un pouvoir beaucoup plus important : *tana* signifie "superstition" et *ka* "rejeter". Le *tanaka* a donc pour vertu d'éloigner les mauvais esprits. Toujours eux ! » ajoute-t-il d'un air comiquement résigné.

Le train roule lentement le long de l'Irrawaddy. Ce fleuve puissant est la colonne vertébrale du pays. Ses alluvions ont formé une immense plaine

irriguée qui en est la richesse. Des rizières s'étendent à perte de vue. Soleil et eau inépuisables sont les garants d'une nourriture abondante. Personne ne souffre de la faim en Birmanie. Les pieds de riz d'un vert tendre frissonnent sous la brise.

Nombre de femmes, particulièrement celles d'un âge certain, fument des cigares insolites… Insolites parce qu'ils sont énormes et aussi car ils sont de couleur brun clair. J'interroge mon guide.

« Ce sont des *cheroots*, m'explique-t-il, faits de feuilles hachées d'un arbre, le cordia, qui pousse dans les montagnes du Nord. On les mélange avec du jus de tamarin et d'ananas. On ajoute un soupçon de miel. Très peu de tabac. Cela plaît car c'est très doux et surtout, ajoute-t-il en souriant, parce que c'est très bon marché. Ils sont fabriqués à la main dans les villages et dix *cheroots* valent le prix d'une seule cigarette qui sort d'une usine. Faites vous-même le compte ! »

Le constructeur français Alsthom domine le marché des tractions en Birmanie. Il équipe près de deux tiers du parc des locomotives.

Les hommes portent le longhi, une sorte de jupe nouée à la taille. Le port du pantalon passe pour être anti-patriotique.

Balayer la plate-forme de la pagode Swedagon, à Rangoon, est considéré comme un honneur qui vaut la reconnaissance de Bouddha.

Le temps passe et les arrêts se succèdent dans de gros bourgs, parfois de simples villages. Mais partout, nous sommes très surpris du nombre de pagodes bouddhistes : parfois cinq, six pour quelques maisons, et beaucoup de ces bâtiments religieux sont inachevés. Pourquoi cette obstination à construire en laissant des ruines neuves ? Mon guide a réponse à tout.

« Nous autres bouddhistes croyons à la réincarnation. Et plus on accumule de mérite, meilleur sera notre sort dans une vie future. Construire entièrement une pagode est le mérite suprême. Mais quel serait l'intérêt de terminer la pagode de quelqu'un qui n'a pas pu l'achever à cause d'un décès prématuré ? Si on n'a pas soi-même engagé la construction, on n'aura aucun mérite. C'est pourquoi ces constructions que vous appelez "ruines neuves" existent. »

Très volubile, il m'apprend qu'à Pagan, qui fut la grande capitale du Nord et connut son apogée entre le XIe et le XIIIe siècle, on a construit 13 000 pagodes, c'est-à-dire au rythme fabuleux d'une pagode par semaine pendant deux cents ans. Quelle foi tenace ! Quelle religiosité ! Cela nous laisse rêveurs.

Il est une heure de l'après-midi. Tous les voyageurs déballent de la nourriture, sauf les moines bouddhistes, vêtus d'une robe jaune, qui sont nombreux dans le train. Ils ont déjeuné avant midi, très sobrement. Ils ne mangeront plus rien jusqu'à demain. Un seul repas par jour, c'est la règle monastique. Nous, nous n'avions rien prévu. Ni le guide. Et il n'y a pas de wagon-restaurant. Pourtant nous avons faim. Il ne nous reste qu'à attendre la prochaine station où, sur le quai, nous achèterons des barquettes car il n'y aura pas de sandwiches. Située au confluent culturel de la Chine et de l'Inde, la nourriture birmane subit ces deux influences : de la Chine, le riz, les pâtes, le canard, le poisson ; de l'Inde, des curries enflammés de piment. Avec l'aide du guide, nous achetons l'un et l'autre.

Le train s'enfonce maintenant dans la chaleur de l'après-midi. Le paysage ne change pas. Le fleuve et l'immense plaine fertile continuent à suivre notre chemin. Nous sommes surpris par la

Chaque jeune Birman reçoit un enseignement monastique à l'adolescence. Ci-dessous, la cuisine quotidienne au monastère de Bagaya Kyang.

Les pagodons, sur la plate-forme de la pagode Swedagon, sont autant de sanctuaires élevés par des familles influentes de Rangoon.

Au port de Mandalay, situé sur le fleuve Irrawaddy, les buffles attendent le démantèlement des radeaux de bois précieux en provenance de la haute Birmanie.

tranquillité des adolescents, et particulièrement des garçons. Nous roulons depuis plus de huit heures et ils ne bougent pas de leur place. J'en parle à mon guide. Il s'étonne.

« Comment, vous ne savez pas que chaque garçon birman est moine pendant un mois ou deux vers ses 15 ans ? La discipline des monastères est rude : le crâne est rasé, on médite des textes sacrés, il est interdit de parler, d'extérioriser ses sentiments, on apprend à savoir se maîtriser en toute circonstance. Cela marque pour la vie entière. »

C'est alors que je commets une erreur. Bêtement, je lui pose une question qui touche à sa vie privée. Pour les Birmans, si réservés, c'est de l'ordre de l'indiscrétion grave. « Et vous ? Vous avez été moinillon ? »

Il rougit comme si je l'avais insulté : « Ici, on n'est pas homme si on n'a pas été moine. Qu'est-ce que vous croyez ! » Je l'ai vraiment vexé. Et j'en suis encore confus aujourd'hui d'autant plus qu'il n'ouvrira plus la bouche jusqu'à l'arrivée à Mandalay, onze heures après notre départ.

C'est dommage ! Mais je ne remercierai jamais assez mon guide, M. U-Tinte, de m'avoir, en un voyage, tant appris sur son pays. Il a énormément fortifié en moi le désir de connaître la Birmanie encore plus profondément.

25

Hanoi-Hô Chi Minh-Ville

VIÊT NAM

Je suis à Hanoi, la grande capitale du nord du Viêt Nam. Ce qui me frappe, c'est qu'elle est intacte... On l'imaginait dévastée par la « guerre américaine » (c'est ainsi que les Vietnamiens désignent ce que nous, Occidentaux, appelons guerre du Viêt Nam), rasée par les bombardements massifs des Américains : il n'en est rien. C'est, pourrait-on dire, une ville française habitée par des Vietnamiens.

Mais pas n'importe quelle ville, non ! Elle est à la fois homogène et hétérogène. Cela tient au fait que chaque Français, à l'époque de la colonisation, lorsqu'il a pu le faire, a construit une maison normande, s'il était normand d'origine, une maison basque s'il était basque, une maison corse s'il était corse, une maison alsacienne s'il était alsacien... Mais cela ne s'est pas fait sans plan d'ensemble. Au contraire, les avenues sont larges, mais de largeur humaine, et les rues bien tracées. Bien que la langue française ait quasiment disparu de ce pays qui fut autrefois l'Indochine française, on en trouve des traces, en y regardant bien, sur les murs de la rue de la Soie, du Coton, du Panier, de l'Étain... Parfois à moitié recouvertes au lait de chaux, des enseignes annoncent : « Au petit Paris », « Passementerie et colifichets ». Et tant d'autres, peut-être déjà effacées au moment où j'écris, qui sont autant de traces fragiles et émouvantes.

Bien sûr, par-ci par-là, un grand immeuble a poussé à la place de ces belles maisons, laissées il est vrai à l'abandon pendant des décennies, sauf les plus remarquables. Celles-là, les apparatchiks se les étaient appropriées, à tout seigneur tout honneur, et elles avaient été remarquablement restaurées.

Aujourd'hui, envahie comme toutes les villes du monde par les voitures, les autobus, les camions et les motos, la ville a bien changé. Tel n'était pas le cas jusqu'en 1988. Jusqu'alors, la possession d'une voiture était

Saigon, la ville d'arrivée de notre train, est la capitale économique du pays. L'ancienne rue Catinat, qui va de la cathédrale au port, est le lieu d'une activité frénétique.

Hanoi a conservé quelques îlots au charme européen avec ses maisons héritées de la période coloniale.

La gare de Haiphong dessert la baie d'Along.

interdite. Deux ou trois d'entre elles seulement roulaient dans Hanoi, ville alors silencieuse. Et c'était un délice que de s'y promener à pied ou à cyclo-pousse, au petit jour, avant que les lambeaux de brume ne se dissipent au centre-ville, au bord du petit lac. Les femmes, encore endormies, sortaient au bord du trottoir leurs gamelles et leur réchaud, en bâillant. Les chiens s'étiraient, quelques cyclo-pousses maraudaient à la recherche d'un hypothétique client près du mausolée – copie conforme de celui de Lénine à Moscou – où, lui aussi embaumé, Hô Chi Minh continue à attendre les lendemains qui chantent sur une place aujourd'hui désertée. Ce n'est pas le cas du grand marché, près de l'ex-pont Paul-Doumer qui enjambe le fleuve Rouge, où des paysannes à chapeau conique continuent de vendre, comme autrefois, sur une natte posée à même le sol, les produits de leur jardin.

Une petite foule s'est agglutinée autour d'un stand où l'on vend des T-shirts. Parmi les clients, deux *bo-doi*, soldats de l'armée révolutionnaire au treillis kaki et au casque de toile, réplique du fameux casque colonial. Devant eux, des piles de T-shirts blancs reproduisant sur une face des paquets de dollars et sur l'autre l'effigie de la tour Eiffel. Ils en achètent chacun un. Ironie de l'Histoire.

Assis sur de rudimentaires banquettes en bois, nous traversons des villages formés de maisons sur pilotis...

On ne saurait quitter Hanoi pour Saigon sans faire un détour par la baie d'Along, une merveille connue dans le monde entier pour ses gigantesques rochers émergeant des eaux transparentes, dont la légende rapporte qu'un dragon leur donna naissance. La baie d'Along est desservie par la gare de Haiphong. Chaque jour, neuf trains express relient les deux villes dans les deux directions. Le trajet dure à peine deux heures. Le tout est de réussir à déchiffrer les horaires.

Assis sur de rudimentaires banquettes en bois, nous traversons quelques villages formés de maisons en paille sur pilotis entourés de bananiers, de jardins luxuriants et de rizières...

Le train ralentit et entre en gare de Haiphong. Quand le Viêt Nam s'est entrouvert dans les années 1980, cette gare voyait descendre du train un petit contingent de voyageurs des « pays frères » et quelques esprits

curieux ou militants qui, à l'occasion de leur séjour au Viêt Nam, ne voulaient à aucun prix se passer de la visite de la célèbre baie. Seules quelques jonques se faufilaient entre les aiguilles calcaires, au gré des vents. Aujourd'hui, les voyageurs ne descendent plus du train pour se rendre à la baie d'Along : les touristes du monde entier sont déversés par des cars. Plus de dollars, moins de mystère. Poésie et base de loisirs sont antinomiques.

Dans la baie d'Along, où les jonques côtoient des navires modernes, on utilise encore la méthode traditionnelle pour sécher le poisson.

Dans les craquements, les grincements, les sifflements, le train s'ébranle...

Gare de Hanoi. Le train pour Saigon est déjà à quai. Quang, le conducteur de la locomotive Diesel, m'invite à faire le tour du train. Il se compose de 13 voitures dont 3 wagons-lits. Les wagons les plus poétiques sont bien sûr les plus anciens. Quang rit de bon cœur. « Non, ce n'est pas un cadeau des Texans. » C'est vrai, ils semblent sortir d'un film de John Ford avec leur plate-forme arrière et leurs banquettes de bois.

Quang m'apprend que la ligne Hanoi-Saigon n'a été inaugurée qu'en 1936, même si les travaux avaient commencé en 1899. Ici, dans le Nord, il y avait des mines de charbon, aussi les locomotives avaient-elles des chaudières à charbon. Dans le Sud, région plus forestière, on utilisait du bois. Aujourd'hui, on met cinquante-huit heures pour parcourir les 1 726 km qui séparent Hanoi de Hô Chi Minh-Ville – anciennement Saigon. En 1936, on mettait quarante heures. Dix-huit heures de moins, oui, dix-huit heures de moins ! On va avoir le temps d'admirer le paysage ! Quang, résigné, rejoint sa locomotive. Nous regagnons notre wagon en nous frayant un chemin entre les paniers de légumes et, surprise... Dans le wagon, une truie allongée à même le sol s'apprête à mettre bas !

Dans les craquements, les grincements, les sifflements, le train s'ébranle. Peut-être pourra-t-on dire de ce train ce que Churchill disait de la démocratie : « C'est le pire moyen, à l'exception de tous les autres. »

À l'extérieur, les rizières défilent. La campagne est la vérité profonde du Viêt Nam. La paysannerie a payé le plus lourd tribut à la guerre et a même connu la famine (inavouée à l'époque, en 1978-1979). Aujourd'hui, le paysan vietnamien vit mieux depuis que les autorités ont augmenté la superficie du lopin de terre alloué à chacun...

La prochaine étape importante sera Huê, l'ancienne capitale impériale, au bord de la rivière des Parfums. Les règles de la géomancie ont guidé le choix de l'emplacement de la ville. Elle est en effet entourée de cinq montagnes représentant cinq éléments fondamentaux : le métal, le bois, l'eau, le fer et la terre. Ces montagnes avaient comme vertu symbolique

En haut à droite : l'intérieur d'un wagon de quatrième classe du chemin de fer de l'Indochine, au début du xxe siècle.

En bas à droite : à chaque arrêt du train, des vendeurs se pressent au pied des wagons pour proposer fruits frais, beignets et légumes...

Double page suivante : l'inauguration du tramway à vapeur de Saigon, en 1881, précède de quelque cinquante ans la création de la ligne Hanoi-Saigon.

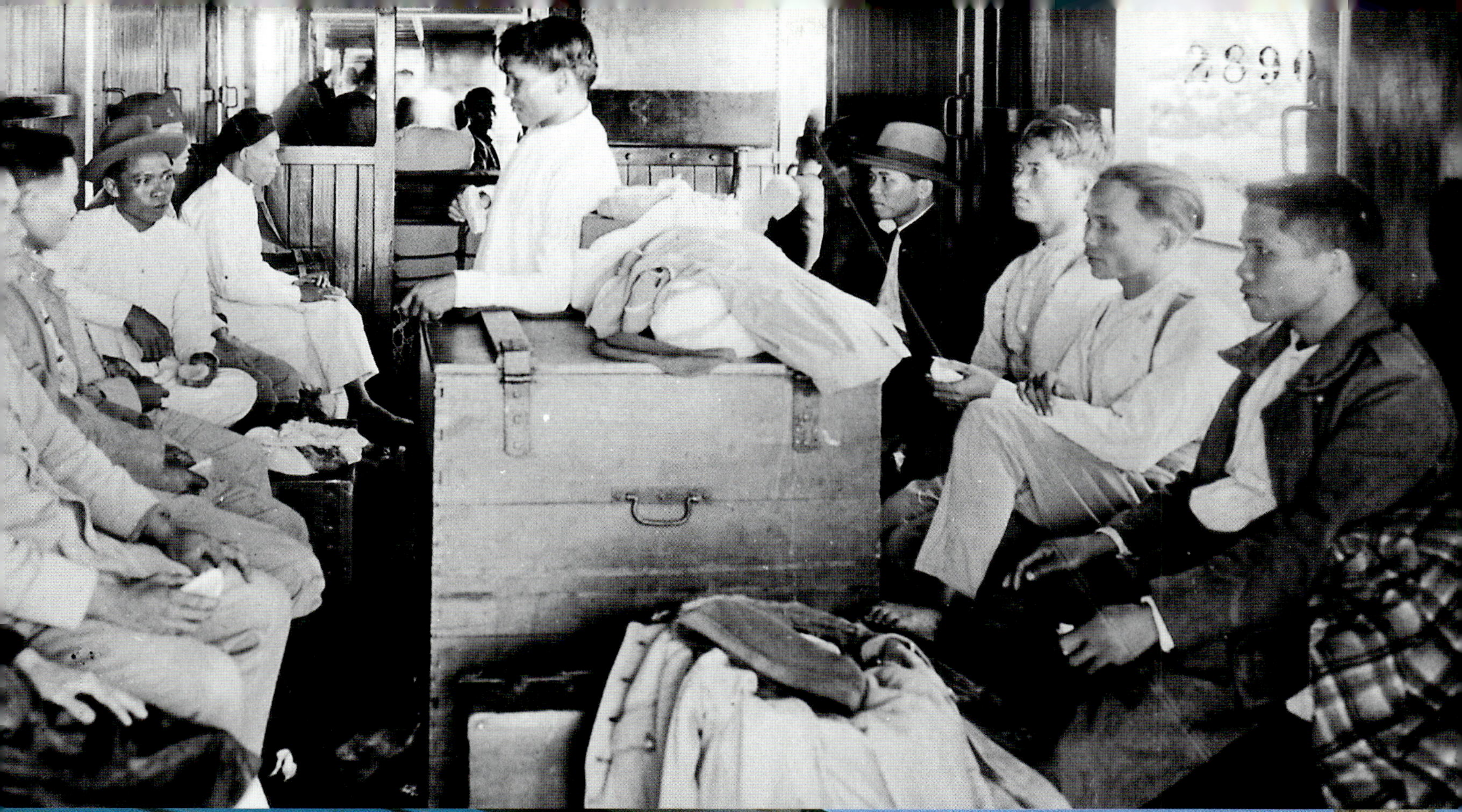
2890

TRAMWAYS VAPEUR COCHINCHINE
1881
N° 3
N° 3

SAIGON

de protéger l'empereur et le palais impérial des mauvaises influences. Huê, éloigné du développement économique qui s'est cristallisé sur Saigon, a gardé un charme suranné.

À la sortie de la ville, le train s'engage à flanc de montagne pour atteindre le col des Nuages avant de s'arrêter à Danang, grand port et plaque tournante ferroviaire. L'arrêt va être long : on change les patins de frein d'un wagon. Les voyageurs en profitent pour manger une soupe, un bol de riz ou des nouilles. Sur le quai de la gare, des cuisines roulantes attendent l'arrêt des trains...

Dans les gares du parcours, les Vietnamiens achètent des bols de riz et de nouilles depuis les fenêtres des voitures.

Enfin, nous voilà repartis. Nous longeons une route sur laquelle, jusqu'aux années 1990, on faisait sécher le *paddy*, c'est-à-dire le riz non décortiqué. Aujourd'hui, cela ne se pratique plus que sur les toutes petites routes de campagne.

Klaxon, sonnettes, embouteillages font de Saigon une ville insomniaque et frénétique...

Après près de soixante heures d'un trajet chaotique, le train s'arrête enfin en gare de Hô Chi Minh-Ville. On sort de son wagon les jambes raides et le dos en compote. Cette ville de plus de 3 millions d'habitants, que l'on nomme encore Saigon par habitude, joue à merveille son rôle de carrefour économique. Ville de marché et de trafics en tout genre où tout s'empile et s'expose sur les trottoirs – cartouches de cigarettes américaines, entassées sur plusieurs mètres de hauteur et de profondeur, téléviseurs, magnétoscopes, électroménager... Tout cela dans un remue-ménage indescriptible, dans un tohu-bohu invraisemblable. Klaxon, sonnettes, embouteillages de vélos, de motos, de voitures, d'autobus et d'autocars qui s'entrecroisent font de Saigon une ville insomniaque et frénétique, loin de l'austérité de Hanoi, la capitale politique, loin également du charme désuet de Huê. Mais il suffit de se promener dans l'ancienne rue Catinat, qui relie la cathédrale au port, d'aller téléphoner à la grande poste pour s'imaginer la ville telle qu'elle était avant que des conflits ne l'ensanglantent.

Admirable édifice que cette grande poste inaugurée en 1891. Grand vaisseau immobile qui a si bien résisté aux tempêtes de l'Histoire, comme ont résisté le bâtiment des douanes, le lycée Marie-Curie, le lycée Chasseloup-Laubat ou le restaurant Ramuntcho, à l'enseigne à demi effacée. Sur les trottoirs se sont installés mille petits métiers, tel ce réparateur de pneus de vélo qui se sert d'un casque américain en guise de cuvette. La vie reprend son cours, semblable à la rivière de Saigon. L'une et l'autre n'ont guère changé de lit. Peut-être ont-elles ajouté quelques méandres. Le chemin le plus court et le plus sûr dans la vie des peuples n'est jamais une ligne droite…

Après Huê, le train traverse la campagne vietnamienne et ses rizières qui s'étendent à perte de vue.

À gauche : jusqu'à l'arrivée des voitures et des motos, à la fin des années 1980, Saigon était le paradis des vélos et des cyclo-pousses.

JENAR

Djakarta-Djogjakarta

INDONÉSIE

Je viens de quitter Djakarta, capitale de l'Indonésie située dans l'île de Java, pour Bandung, son centre de villégiature. Le train roule vite. Pour le pays tout au moins ! Nous couvrirons les 180 km en deux heures et demie, un record ici.

Les voitures du train sont confortables, particulièrement en première classe, qui n'est pas chère pour mon porte-monnaie : téléphone, films vidéo, service à la place. Le menu est simple, deux plats typiquement indonésiens seulement. La garniture est la même : œufs durs, viande, légumes, crevettes sautées avec du riz, c'est le *nasi goreng*… ou bien avec des pâtes, c'est le *mi goreng*. Les sauces sont à base de noix de coco ou de cacahuètes, brûlantes de piment.

Le réseau des chemins de fer indonésiens est principalement à voie unique. Ici, une voie de dégagement dans la campagne javanaise permet au train montant de laisser passer celui qui descend avant de poursuivre son trajet.

L'Indonésie est un pays étrange pour nos yeux de terriens. En effet, pour dessiner leurs frontières, les Indonésiens ne font pas de différence entre le sol et l'eau. Ils prétendent que leur pays totalise 10 millions de kilomètres carrés, mais en fait 2 millions seulement sont émergés, ce qui n'est déjà pas si mal. L'Indonésie compte 13 667 îles, dont la moitié sont si petites qu'elles n'ont pas de nom, et dont un millier seulement sont habitées.

Le chef et le contrôleur du train express pour Bandung, un rapide qui couvre 180 km en deux heures et demie.

Je me suis installé dans la locomotive Diesel près de M. Sustrino, le conducteur. C'est un homme de 32 ans, trapu, le teint basané, les cheveux noirs ébouriffés. Il habite dans un *kampung* où il possède une petite maison entourée d'un jardinet. En fait, un *kampung* est plus qu'un ensemble de maisonnettes bâties sous les arbres et noyées de fleurs, c'est un quartier étendu à la dimension d'une véritable communauté d'esprit. Tout le monde se connaît, s'épaule, s'entraide. Si une famille est dans le besoin, les autres la nourrissent. C'est un lieu d'habitation et de solidarité, mais

Les chemins de fer indonésiens donnent aujourd'hui une place importante aux femmes.

aussi de surveillance morale réciproque incitant à l'autocensure et au conformisme. M. Sustrino, fils de cheminot, né ici, est marié à Purwati, fille de cheminot, de dix ans sa cadette, née dans la maison d'à côté. Les parents ont tout arrangé. Traditionnellement, une fille ne cherche pas un mari, on le lui désigne. L'amour existe, bien sûr, mais il doit naître de l'habitude, du partage des joies et des peines dans le mariage.

Je ne m'arrête à Bandung que pour quelques heures. Située à 780 m d'altitude, la ville a été créée par les colonisateurs hollandais pour fuir la chaleur humide de Batavia, devenue Djakarta lorsque l'indépendance fut déclarée en 1949. De cité de villégiature, elle est devenue une ville d'industrie de pointe de 2,5 millions d'habitants. Je viens y rencontrer Pierre Joly, un étudiant français qui prépare une thèse sur l'Indonésie. Il va m'accompagner à Djogjakarta. En avion, quarante minutes suffiraient ; par le train, il nous faudra treize heures de voyage, mais je pourrai profiter des magnifiques paysages. Je n'hésite donc pas une seconde !

L'archipel indonésien est le siège d'une intense activité volcanique. Sur 300 volcans, 50 sont encore en éveil. À droite, l'un des 14 volcans de l'île de Java.

Des rizières succèdent à d'autres rizières, cultures en terrasses noyées d'eau et de soleil...

Le train pour Djogjakarta est moins confortable que celui qui m'a mené à Bandung. C'est un honnête express des années 1950. En fait, le réseau n'a pas bougé depuis la colonie. Il est parfaitement entretenu, mais on y a apporté peu d'améliorations : la plupart des transmissions restent encore mécaniques. Java et Sumatra ont aussi un réseau ferroviaire, mais moins dense que celui de Java.

« Le chemin de fer a atteint un but que n'avaient pas imaginé les colonisateurs hollandais, me dit Pierre de sa voix douce. Ils avaient pensé uniquement économie, mais le train a entraîné le profond bouleversement d'une population foncièrement attachée à son village. Le train est né ici et on a commencé à voyager. De ce fait, les idées révolutionnaires ont circulé, préparant l'indépendance. »

Des rizières succèdent à d'autres rizières, cultures en terrasses noyées d'eau et de soleil. Les Indonésiens sont des cultivateurs de riz laborieux, acharnés, précis. Deux récoltes par an doivent nourrir les 230 millions d'habitants

Peu développé dans le reste de l'archipel, le réseau ferré est dense dans l'île de Java où les familles ont pris l'habitude de voyager par le train.

Après la portion rapide entre Djakarta et Bandung, le train se traîne jusqu'à Djogjakarta, et la sieste, nécessaire si près de l'équateur, aide à passer le temps.

qui composent la population. C'est d'autant plus étonnant qu'ils manquent de terre.

L'archipel compte environ 300 volcans, dont 50 en activité. Rien qu'à Java, il y en a 14, qui culminent à plus de 3 000 m d'altitude. Les pentes sont abruptes, arides, et les grandes plaines sont rares.

Le voyage tire en longueur. Vitesse moyenne : 40 km/h. Les arrêts sont interminables. C'est l'inconvénient de la voie unique. Le train montant doit laisser passer, sur une ligne de dérivation, le train descendant. Alors on attend.

Enfin, nous arrivons à Djogjakarta. Ce qui me frappe tout de suite, dans cette ville, c'est le rythme de vie mesuré, harmonieux. On est loin de la congestion automobile de Djakarta. Ici, tout se déroule selon l'allure tranquille des *bejas*, les cyclo-pousses indonésiens qui fourmillent par milliers dans les rues de la ville.

Djogjakarta est le centre culturel de Java, abandonnant à la capitale le rôle politique et économique. Pierre m'emmène immédiatement au marché aux oiseaux. C'est un endroit hors du commun principalement consacré au commerce de pigeons. Il m'explique qu'il faut d'abord choisir un sifflet. Curieux. On le fixe dans les plumes de la queue du pigeon : pendant le vol, l'air s'y engouffrera. L'oiseau sera ainsi suivi d'un sillage mélodieux. C'est une passion tout à fait typique d'une population qui prend le temps de s'attarder à des détails de beauté et de tendresse.

La lame d'un kriss est sacrée.
Sinueuse, elle figure le serpent de la forêt initiatique.

Pourtant, c'est dans cette ville aux allures rassurantes que l'on forge une arme empreinte d'agressivité et de magie, le kriss, un impressionnant poignard. Pierre m'entraîne dans un quartier d'artisans de la périphérie, à la rencontre d'un maître d'armes. Sous un auvent accolé à une maison, un homme polit une lame sinueuse. Le torse nu, très maigre, il a 60 ans environ. Absorbé par son travail, il nous salue à peine. Autour de lui s'alignent marteaux, pinces, ciseaux, tenailles… La lame ondulée de ce qui deviendra un kriss mesure près de 40 cm de long.

« Il n'en fait qu'un à la fois, murmure Pierre, et encore pas pour n'im-

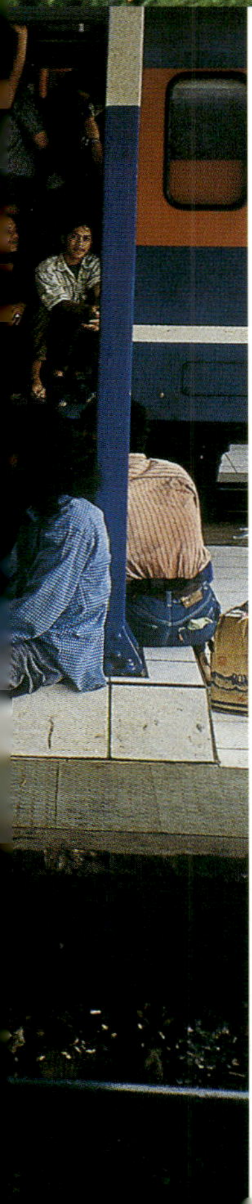

porte qui. Si l'acheteur n'en est pas digne à ses yeux, il refuse. Selon la tradition, il jeûne avant de commencer son travail, qu'il n'entreprend que lorsqu'il se sent inspiré. »

La lame d'un kriss est sacrée. Sinueuse, elle figure le serpent de la forêt initiatique. Une fois l'an, on parfume le couteau, on l'encense. On peut enduire la lame d'entrailles de scorpion pour en augmenter la malfaisance. Des histoires à son sujet pullulent. On parle à mi-voix de kriss qui s'échappent, la nuit, de leur seule volonté, à la recherche de victimes. Mais aujourd'hui, le kriss n'est plus qu'une arme de collection, c'est en tout cas ce que m'affirme Pierre.

Nous quittons ce forgeron inquiétant. Pas une fois il n'a levé les yeux sur nous. Cette nuit, sans aucun doute, je ne rêverai pas de trains, mais d'un poignard maléfique doté de sa vie propre. Et même si je ne crois pas aux fables, je prendrai soin de fermer ma fenêtre…

La terre cultivable, essentiellement occupée par les rizières, ne représente qu'une petite partie de la surface de l'archipel, mais le soleil et les pluies généreuses permettent deux récoltes par an.

À gauche : un train de banlieue à quai en gare de Djakarta.

Pékin-Shanghai

CHINE

Le spectacle commence sur l'esplanade de la gare de Pékin. Je vais prendre le train pour Shanghai. C'est la foule, comme partout dans ce pays de 1,2 milliard d'habitants au moins. Mais cette foule devant la gare n'est pas l'ordinaire de la grande ville. Elle est composée de jeunes paysans à l'allure timide, empruntée, qui viennent de débarquer de leur campagne. Ils n'ont d'autre métier que le travail dans la boue des rizières. Que vont-ils faire ici ? Ils ne le savent pas, attirés simplement par les lumières de la ville. Ils ont voyagé sans billet, ou sur les tampons de wagons de marchandises. Assis sur leur maigre bagage, ils attendent. Ce qu'ils attendent, ils l'ignorent eux-mêmes. La police va les refouler, ou bien ils repartiront vers d'autres villes de hasard. Vers d'autres attentes désespérées.

Un wagon de quatrième classe d'un train de grande ligne. La foule est nombreuse, à la mesure de la frénésie des voyages qui a gagné la Chine il y a plus de vingt ans.

On évalue de 80 à 100 millions ces enfants perdus. Nulle compagnie de chemin de fer au monde ne véhicule une telle émigration. Cela donne la mesure d'un voyage en Chine. Tout, dans ce pays, est démesuré.

Il est 17 h 30. Le train part dans une demi-heure. J'ai mon billet, ma place louée, j'ai largement le temps, mais j'aime arriver en avance et m'imbiber de l'atmosphère des quais, du ronronnement des locomotives, du fracas des tampons, du mouvement de foule des voyageurs.

Acheter un titre de transport oblige à une queue interminable aux guichets des gares. Pour m'éviter cela, je suis passé par une agence de voyages. Je peux donc consacrer ces moments d'attente à la flânerie.

Mon train – le n° K21 – est déjà plein à craquer. En Chine, tous les trains le sont et pour toutes les destinations. Au temps de Mao Zedong ne pouvaient voyager que ceux qui avaient un ordre de mission. Aujourd'hui, alors que les déplacements sont libres depuis plus de

Avant chaque départ, réunion d'information pour l'état-major du train.

À la gare de Pékin, des mécaniciens contrôlent les boogies.

vingt ans, les Chinois restent habités par la même frénésie de bouger. Je me faufile dans le couloir pour atteindre mon compartiment et découvrir ma couchette. C'est une « molle ». Curieuse dénomination. Les trains chinois comptent quatre classes divisées en deux catégories : assis et couché « mou », aux sièges légèrement rembourrés ; assis et couché « dur », c'est-à-dire à banquettes de bois. Ma couchette est un mince matelas posé sur le bois, avec des draps et une couverture. Nous ne sommes que quatre personnes par compartiment, ce qui permet un certain confort, et c'est tant mieux car le voyage va durer quatorze heures pour couvrir les 1 463 km jusqu'à Shanghai. L'arrivée est prévue à 8 h 05 demain matin.

Mes trois compagnons de compartiment, des Chinois, sont déjà là. Ils ont une quarantaine d'années, vêtus d'une chemise blanche et d'une veste de toile bleu foncé à boutons de tissu. C'est une tenue classique. Ils sont un peu surpris de voir embarquer un Occidental. On se salue d'un sourire. Discrets, ils se retirent dans le couloir tandis que j'installe mon bagage. Ils se montreront toujours aussi courtois, aussi attentifs à ne pas me déranger.

À chaque station, des équipes affairées lavent l'extérieur des wagons à grande eau…

Le train est parti, chahuté par les rails manifestement mal ajustés. Bientôt la nuit tombe. L'obscurité noie le paysage. Mes compagnons débouchent leur bouteille Thermos. C'est l'accessoire indispensable à tout voyageur chinois, qui le porte en général en bandoulière. Commence alors une sorte de cérémonie du thé qui se répétera souvent au long du voyage. D'un sac, ils sortent des feuilles de thé vert qu'ils noient d'eau chaude dans un verre. C'est la boisson de tous les instants. On ne boit jamais d'eau pure, mais du thé, même froid. Le thé a l'avantage de n'infuser qu'à l'eau bouillante, donc nettoyée de tout microbe. C'est une garantie contre la dysenterie, une crainte endémique dans tout le pays. D'ailleurs, dans l'armée chinoise, il est interdit de boire froid, et la simple eau bouillie, bue par les pauvres, est appelée le « thé blanc ».

En bas : sur la tablette, trône l'inévitable Thermos de ce thé vert que les Chinois boivent tout au long de la journée.

La police des chemins de fer effectue des contrôles réguliers dans les trains.

Libérée du poids du dogmatisme maoïste, la jeunesse chinoise a rapidement adopté les critères de la mode occidentale.

L'effort humain est encore la principale source d'énergie des petits transports de marchandises.

Le train roule dans la nuit. Les arrêts sont rares pour cet « express ». À Tianjin, le tiers des wagons est renouvelé de ses voyageurs. L'obscurité n'empêche pas qu'à chaque station des équipes affairées lavent l'extérieur des wagons à grande eau avec de longs balais-brosses. À notre arrivée à Jinan, il est plus de 22 heures. Après un dernier thé vert, mes compagnons se sont endormis. Je vais dîner.

Le wagon-restaurant est normalement plein. Je n'ai pas à attendre pour m'asseoir. La lumière émane d'un néon verdâtre qui nous plonge dans une atmosphère d'aquarium glauque. Un garçon me présente le menu écrit uniquement en chinois. Perplexité. Il attend ma commande sans essayer de m'aider, me gratifiant d'un sourire narquois. Je montre au hasard un plat sur la table d'à côté. Il ne s'est pas passé deux minutes que le garçon revient avec une jatte pleine à ras bord : des nouilles, du bouillon, des morceaux de viande, des légumes… il y en a pour quatre ! Autour de moi, on mange à peu près le même type de soupe plantureuse, sauf que le riz peut remplacer les pâtes, et des crevettes le bœuf.

Près de la gare de Pékin, une commerçante propose des œufs de poule et de caille.

Tous dévorent en silence. Peut-être cette avidité vient-elle d'un passé ancestral de disette. Il n'y a pas si longtemps, dans certaines provinces, on se disait bonjour en demandant : « Avez-vous mangé ? » Cela en dit long ! Et le gouvernement s'enorgueillit aujourd'hui que chaque Chinois puisse acheter en moyenne 15 kg de viande par an, le double de ce qui était consommé pendant le maoïsme.

Je retourne à mon compartiment et essaie de dormir. Je dis bien essayer, car on croise sans arrêt des trains dans un bruit d'enfer. Ils se succèdent à trois, quatre minutes d'intervalle. Le trafic est d'une intensité inimaginable, et ce sont toujours de longs convois. On se demande ce que deviendrait la Chine sans les chemins de fer… Pourtant le réseau est loin d'être suffisant : 6 km de voies ferrées pour 1 000 km^2 (la France en compte 80 pour la même superficie). C'est que la construction des chemins de fer a commencé tard, en 1876 seulement. Puis il y eut les guerres, les rébellions… Ce manque de lignes fait que le réseau ne transporte que 900 millions de voyageurs par an. À population sensiblement égale, l'Inde en déplace plus de 4 milliards sur la même période. En Chine, l'autobus de campagne est roi.

Dès l'aube, je me lève. Mes compagnons de voyage sont descendus à Nankin. Ils ont disparu comme des ombres. Je fais une rapide toilette

Une rue de Shanghai un jour ordinaire.
La chaussée, relativement encombrée par les voitures, motos et camions, n'est rien en comparaison des trottoirs, envahis par une véritable marée humaine.

aux lavabos au bout du wagon. Petit déjeuner. Sans que j'aie rien demandé, un garçon m'apporte du café. Je dois sûrement ce geste à ma qualité d'Occidental, car les Chinois ne boivent jamais de café. Tôt le matin, ils mangent les restes réchauffés du dîner de la veille. C'est d'ailleurs ce qu'on me sert, la soupe aux nouilles d'hier soir. Cela me réchauffe car il fait plutôt frais.

Retour à mon compartiment. Le soleil encore jeune éclaire une plaine cultivée à l'extrême. Très peu d'arbres. Pas de haies, de buissons. Tout mètre carré de terre utile est cultivé. À perte de vue, des paysans s'activent. La disparité des instruments de travail est surprenante : ici des tracteurs, là des motoculteurs… et à moins de 1 km, des femmes attelées à une charrue… Plus loin, un panier alourdi de pierres, sur un traîneau rudimentaire tracté à bras, égalise les mottes… Peu importe l'effort, l'important c'est de produire pour survivre. On n'admirera jamais assez la ténacité du peuple chinois.

8 h 20. Le train ralentit dans les faubourgs de Shanghai. Nous n'avons que quinze minutes de retard. Le train s'arrête le long d'un quai noir de monde. À peine nettoyé, il va repartir. Les chemins de fer chinois n'ont pas une minute à perdre.

Le vélo règne toujours en maître dans l'ensemble des villes chinoises.

ВЛ80ᵀ-2030

Le Transsibérien

RUSSIE

Pour celui qui, comme Blaise Cendrars, a passé son enfance dans les jardins suspendus de Babylone et fait l'école buissonnière dans les gares devant les trains en partance, la Sibérie est mot mythique, mot magique. Qui n'a jamais rêvé un jour de faire le grand voyage ? Étendues glacées à perte de vue, toundra et loups, isbas et forêts immenses, cahotement, halètement et long panache de fumée noire – tout cela existe encore… En imagination ou dans *la Prose du Transsibérien* :

J'étais très heureux insouciant
Je croyais jouer aux brigands
Nous avions volé le trésor de Golconde
Et nous allions, grâce au Transsibérien, le cacher
[de l'autre côté du monde
Je devais le défendre contre les voleurs de l'Oural
[qui avaient attaqué les saltimbanques de Jules Verne
Contre Khoungouzes, les boxers de la Chine
Et les enragés petits Mongols du Grand-Lama.

Ces rencontres-là, c'est vrai, vous ne les ferez sans doute pas plus que moi, mais sur votre parcours, vous découvrirez un des lacs les plus prodigieux du monde, le lac Baïkal, qui nous attend là, tranquillement, depuis plus de vingt millions d'années.

La voie ferrée du Transsibérien, la plus longue du monde – elle s'étend sur 9 269 km ! –, est due à Alexandre III. Ayant des difficultés à régner sur un pays qui couvre plus de 12 000 km d'ouest en est, le tsar décida la construction d'une gigantesque ligne de chemin de fer reliant Moscou à Vladivostok. Le premier coup de pioche fut donné le 19 mai 1891, à Vladivostok. Puis, en juillet 1892, les travaux débutèrent en Sibérie orientale, à

Double page suivante : le départ quotidien du Transsibérien a lieu tout au long de l'année. L'hiver, les cheminots affrontent le froid et la neige pour actionner les aiguillages, qui restent le plus souvent manuels.

Si le Transsibérien d'aujourd'hui, train de métal aux lignes carrées, n'a plus le charme et la grâce que lui prêtèrent Jules Verne ou Blaise Cendrars, la traversée de l'immense Russie reste un voyage inoubliable.

Des marchandes de fleurs à la gare de Iaroslav, à Moscou, au départ du Transsibérien.

Tcheliabinsk, et durèrent près de vingt ans. La main-d'œuvre abondante, dont de nombreux volontaires, travaillait dans des conditions très difficiles, mais le tsar se souciait peu des accidents et des victimes. Ce qui comptait, c'était de rendre accessibles des régions jusque-là très isolées, faire une ligne de chemin de fer rentable et tracer le plus court chemin possible entre Moscou et Vladivostok. Mais, en 1941, l'invasion allemande anéantit 65 000 km de voies et détruisit 4 000 gares, pour ne parler que des infrastructures. En 1945, il fallut tout reconstruire ou presque. Il faut dire que sans les trains, qui assurent 65 % du trafic marchandises, le pays serait paralysé.

Le Transsibérien aux sièges capitonnés n'existe plus que dans nos rêves...

Nous sommes à Moscou, à la gare de Iaroslav. Le Transsibérien part de là chaque jour. Sur le quai, notre conducteur, Alexandre Rejkhaïov, un grand gaillard aux cheveux en broussaille, et son assistant, Andreï, préparent le départ du train. Tous deux portent, comme c'est la règle, un uniforme aux galons bien apparents. Nous cherchons notre wagon. Il est semblable à ceux que nous connaissions il y a quelques décennies en Occident : un long couloir désert longeant des compartiments. Mais il y a tout de même deux types de voitures, à deux ou à trois couchettes. Des lavabos communs, pas de douche ; un peu sommaire pour ceux qui vont jusqu'à Vladivostok, à presque 10 000 km ! En regardant autour de nous, nous comprenons donc que le Transsibérien aux sièges capitonnés, aux wagons-restaurants constellés de cristaux et d'argenterie n'existe plus que dans nos rêves et dans la littérature. Mais à défaut de confort et de luxe, nous aurons la satisfaction de parcourir un quart de tour du monde, jusqu'à Vladivostok. Nous avons le temps : huit jours, sept nuits, 93 gares, sept fuseaux horaires et tout cela à une vitesse moyenne de 63 km/h.

La ville de Iaroslav compte une cinquantaine d'églises orthodoxes avec leurs bulbes de couleurs vives.

Alors que nous nous installons dans notre wagon, une jolie femme rousse entre et s'enquiert de notre destination. Elle sera notre hôtesse jusqu'à Vladivostok. Le « vrai Transsib », elle le connaît

bien pour y avoir passé près de la moitié de sa vie. Irina, 37 ans, est « dame de wagon » : hôtesse d'accueil, contrôleuse, commerçante, femme de ménage, cuisinière parfois, confidente souvent. À elle d'organiser et de tenir, parfois à coup de réprimandes ou de menaces d'expulsion, la vie de son wagon. Douze heures de service, avant la relève de sa collègue, quatorze jours de travail puis quatorze jours de congé. Et tout au long du trajet, l'interdiction de quitter la voiture, excepté pour de courtes pauses sur les quais de gare, le temps de surveiller entrées et sorties. Irina est originaire d'Irkoutsk, « la plus jolie ville de Sibérie », nous dit-elle avec fierté.

Un long grincement de freins annonce notre arrivée dans la belle ville de Iaroslav. Créée avant Moscou, en 1010, Iaroslav était à l'origine une citadelle qui contrôlait la Volga, fleuve traversant la ville, et qui devint très vite une riche cité marchande. On n'y compte pas moins de 50 églises orthodoxes, plus belles les unes que les autres, dont nous apercevons quelques bulbes de couleurs vives à mesure que le train traverse la ville. Iaroslav, nous dit-on, vaut sûrement mieux que cette halte en gare. Mais notre voyage est très long encore avant de gagner Vladivostok, et nous ne pouvons guère rester plus de temps. Déjà le train repart.

Pour nous consoler, nous invitons Irina à prendre une tasse de thé et des

Entre Iaroslav et Iekaterinbourg, le Transsibérien traverse une région fortement industrialisée.

La gare de Novossibirsk a conservé ses statues érigées pendant la sombre époque stalinienne.

petits gâteaux dans l'un des deux wagons-restaurants du Transsibérien. Cela nous aidera à passer le temps. De vastes prairies parsemées de petites maisons défilent lentement sous nos yeux. Nous retrouvons la Russie décrite par Jules Verne dans *Michel Strogoff*. Quelques regards, quelques sourires, quelques mots échangés avec les autres voyageurs et déjà la nuit tombe. Il est temps de gagner nos couchettes.

Au lever du jour, notre premier geste est de nous pencher pour regarder par la fenêtre les étendues gigantesques de forêts de bouleaux et de sapins entrecoupées de prairies qui composent désormais le paysage. Une musique grésillante sort de petits haut-parleurs installés dans chaque wagon. Agacement. On fait venir le chef de train. C'est une femme robuste. Elle s'étonne de notre réaction : « Cela fait quinze ans que cela fonctionne comme ça. » Dès qu'elle a le dos tourné, un des voyageurs grimpe sur les épaules de son voisin et, à l'aide d'un tournevis de fortune, interrompt le son nasillard. Rires dans le wagon. D'autres voyageurs sortent accordéon et harmonica et se mettent à jouent un de ces airs mélancoliques dont les Russes ont le secret.

De sinistres miradors jalonnent maintenant la voie. Le train s'arrête sur un long quai gardé par des militaires en lourd manteau kaki. Nous sommes à Perm, goulag de sinistre mémoire. Nous regardons défiler cette terre défrichée dans la souffrance par tant de prisonniers d'opinion, cet « archipel du goulag » dont la neige a assourdi les râles d'épuisement, les cris et les sanglots recouvrant cette longue et horrible tragédie d'une épaisse nappe ouatée. Une roulotte ambulante nous sort de nos pensées. De nombreux voyageurs s'amassent : du goulasch nous est servi dans des gamelles. Nous aurions pu aller au wagon-restaurant, qui propose une nourriture plus appétissante, mais nous préférons partager ce repas plus convivial. Nous remontons dans le wagon et le train repart.

La ville d'Irkoutsk semble tout droit sortie d'un roman de Tchekhov, avec ses isbas en bois coloré du XIXe siècle.

Un de mes voisins me fait signe de regarder par la fenêtre. Il désigne du doigt une grande borne. Elle marque la limite entre l'Europe, que nous venons de quitter, et l'Asie, qui maintenant s'ouvre à nous.

Les jours succèdent aux nuits. Des arrêts dans quelques gares perdues dans la brume déversent leurs contingents de militaires en permission

et des colis postaux. De gare en gare, de nuit en matin gris, on perd rapidement la notion du temps. La carte qu'on avait méthodiquement consultée reste oubliée sur une banquette.
Parfois, quelque événement inattendu rompt le rythme lent et continu du voyage. C'est le cas de notre quatrième nuit. Le train s'arrête en rase campagne et en pleine obscurité. Les plus courageux descendent ou s'activent autour du wagon qui précède le nôtre pour aller voir ce qu'il se passe. Une rame a chauffé dangereusement. Était-on prêt de la rupture ? A-t-on frôlé la catastrophe ? Le personnel fait mine de ne rien savoir. L'habitude du silence, de la peur de « trop en dire ». Le train s'immobilise pour un long moment. Compte tenu de la longueur du voyage, nous ne sommes plus à quelques heures près.

Le train déroule ses 59 wagons et entre en gare d'Irkoutsk...

Puis le train reprend sa route, mais pour une heure seulement : nous arrivons en gare de Novossibirsk, en Sibérie, le pays des montagnes et du froid. Du temps de l'Union soviétique, Novossibirsk était la troisième ville importante, après Moscou et Leningrad (redevenue Saint-Pétersbourg). Le hall de la gare conserve de cette époque les statues à la gloire du prolétariat, statues héroïques dans le plus pur style stalinien.
Sur le quai de la gare, nombreux sont les voyageurs engourdis par tant de jours passés dans le train qui font leur gymnastique, malgré la brièveté de l'arrêt. On en profite pour changer de locomotive, et nous voilà repartis.
Le moment le plus attendu du voyage, le voici enfin ! Le lac Baïkal, le plus profond du monde, 1 637 m. Ce lac long de plus de 600 km contient à lui seul un cinquième de l'eau douce de la planète. Il s'offre à nous, magnifique, magique, éblouissant, infini. Alimenté par plus de 300 rivières, mais ne laissant échapper de ses entrailles qu'un seul cours d'eau – l'Angara –, il est l'Unique. La plupart des espèces de poissons qui le peuplent sont introuvables ailleurs : transportées dans un autre milieu, elles ne survivraient pas.
Le train déroule ses 59 wagons et entre en gare d'Irkoutsk. Nous sommes à 5 000 km de Moscou et à 3 500 km de Pékin. Irkoutsk, autrefois surnommé le Paris de la Sibérie, a toujours eu une réputation

Un pont ferroviaire sur l'Amour, le grand fleuve d'Extrême-Orient que la ligne du Transsibérien longe sur près de 4 200 km.

d'élégance et de civilisation. Ville de théâtres et de banques, fondée par les Cosaques au XVIIe siècle, elle a échappé par miracle au béton. Nous nous y arrêtons quelques heures, le temps que le train change une partie de son équipage.

Le train longe maintenant le fleuve Amour, qui double la ligne de chemin de fer sur près de 4 200 km. Les yeux dans le vague, nous regardons courir ces infinies étendues de neige que nous verrons pendant les quatre jours qui nous séparent encore de notre destination.

Au terme de huit jours d'un interminable voyage, nous voici enfin arrivés à Vladivostok. Les voies ferrées viennent s'arrêter juste au bord des eaux du Pacifique. Épuisés et engourdis par cette longue traversée, nous nous frayons un chemin dans la foule de voyageurs qui sillonnent la gare. Étrangement, elle rappelle la monumentale gare de Iaroslav, à Moscou, comme pour mieux souligner que la plus grande voie ferrée au monde ne traverse qu'un seul et même pays…

GM3

L'Indian Pacific

AUSTRALIE

Je vais vous entraîner dans l'un des plus longs voyages que l'on puisse faire en chemin de fer. Sydney-Perth, 4 352 km, soixante-neuf heures de train. Il s'agit de la traversée du continent australien par l'Indian Pacific, le Pacifique Indien. Cet express est bien nommé car il va de l'océan Pacifique à l'océan Indien. En un mot, c'est une aventure et la découverte de ce pays qui fait tant rêver.

Sydney, la ville la plus importante du pays, est le point de départ du voyage. C'est une cité étonnante. Ce centre financier et commercial actif, on l'imagine construit de gratte-ciel. Ils y sont, en effet. Mais Sydney a une particularité quasi unique. Édifiée le long d'un fjord aux multiples tentacules maritimes, elle est largement pénétrée par l'océan. Il y a des plages tout près du centre. Souvent, on a la surprise de découvrir des vagues au coin de la rue.

L'Indian Pacific dans les brumes de chaleur du désert de Nullarbor. Cet impressionnant train de 16 wagons aux structures d'aluminium, est tracté par deux puissantes locomotives.

Et il y a l'Opéra qui participe, lui aussi, du grand large. Son toit, en forme de voiles déployées par un vent de conquête, fut conçu en une nuit de fièvre par un jeune architecte danois. 233 projets étaient en compétition. Il l'emporta, et une loterie nationale créée à cet effet paya la construction. Cet Opéra, bâti face aux embruns, est devenu l'emblème de Sydney comme la tour Eiffel l'est de Paris.

L'Opéra de Sydney (à gauche), en forme de voiles déployées, ouvre la ville sur le large.

Sydney compte 3,5 millions d'habitants sur une population australienne qui approche les 20 millions. La ville s'étend largement. On aime, ici, avoir sa petite maison avec un bout de jardin. Tout le pays est hautement urbanisé : 60 % des Australiens vivent dans cinq villes situées au bord de l'océan. Le pays se prête mal à la pénétration. C'est un continent massif, sec, plat comme une terre usée, sans mer intérieure, sans grand fleuve navigable. Les distances sont un autre obstacle. L'Australie fait 3 850 km d'est en ouest et 3 200 km du nord au sud ; en totalité quinze fois la France.

Les chemins de fer australiens sont nés très tôt, en 1836, dans l'île de Tasmanie...

Il est temps de quitter Sydney et de prendre le train. Il part à 11 heures du matin. Il est composé de seize wagons aux structures d'aluminium qui brillent au soleil et tracté par deux locomotives, des diesels électriques.
J'ai pris un wagon-lit : cabinet de toilette et douche, ainsi je pourrai me promener dans tout le train. En effet, ici, on doit obéir à un règlement que je n'ai connu dans aucun pays. Les cabines de luxe et les premières ont le train pour eux. Les deuxièmes à couchettes n'ont droit qu'au wagon-restaurant et au bar ; et les troisièmes – appelées « deuxièmes assises » – ne peuvent qu'acheter de la nourriture au bar, sans s'asseoir, et doivent manger à leur place. En fait, elles n'en bougent pas. En revanche, il y a des douches dans tous les wagons, ce qui vaut d'être noté car elles n'existent pas, par exemple, dans le Transsibérien, au parcours beaucoup plus long. Seize personnes assurent le service pour les 230 voyageurs.

Dans le règlement de l'Indian Pacific, seules les premières et les deuxièmes classes peuvent accéder au wagon-restaurant. Les troisièmes doivent se contenter d'acheter leurs consommations au bar et de les rapporter à leur place.

Les chemins de fer australiens sont nés très tôt, en 1836, dans l'île de Tasmanie ; c'était alors une petite ligne minière. Ils ont ensuite été développés par les différents États, qui correspondent à nos régions avec, toutefois, beaucoup plus d'autonomie financière. Cette liberté d'investissement a créé, d'ailleurs, un lourd handicap car chaque État a choisi l'écartement de ses voies ferrées. Il y en a trois : 1 m, 1,43 m et 1,60 m, ce qui rend diaboliques les communications nationales. Seul l'Indian Pacific a sa ligne à écartement standard sur tout son trajet.
Il n'y a pas une demi-heure que nous sommes partis et déjà, dans le bar, un groupe s'est formé, une douzaine de voyageurs, hommes et femmes. Ils ne se connaissaient pas au départ, et maintenant, ils se tapent dans le dos comme de vieux amis. Ils rient. Ils s'invitent à boire.
Cette quasi-absence de préjugés dans le comportement, cette approche facile et détendue sont des traits caractéristiques de la mentalité austra-

L'Indian Pacific dans sa traversée de la plaine de Nullarbor. Une ligne droite de 478 km dans un désert de sable et de pierres.

lienne : tout le monde, ici, appartient à la classe moyenne ou, tout au moins, en a l'esprit. Cette manière d'être, qui tend au conformisme, tient probablement à la formation du pays.

Avant la fin du XVIIIe siècle, l'Australie n'était rien dans l'Histoire à l'échelon planétaire. C'est en 1770 que James Cook, le célèbre explorateur anglais, prend possession de la côte Ouest au nom de la Couronne britannique. En 1788, débarquent les premiers colons anglais, en fait des condamnés de droit commun. Ils sont 736, dont 200 femmes. S'y ajoutent un taureau, une vache, quarante-quatre moutons, trois juments et un étalon, et cent brochures sur « l'exhortation à la chasteté ». Ce trait de puritanisme anglican est comique lorsqu'on sait qu'il s'agissait de fonder une colonie de peuplement ! Ces bagnards seront libérés rapidement. D'autres y seront conduits de force – 160 000 en tout –, des émigrés arriveront issus de couches sociales défavorisées. L'Australie gardera de ces apports populaires un profond esprit égalitariste.

À Kalgoorlie, ville de l'or, la richesse passée se manifeste encore dans l'architecture victorienne des grandes maisons de bois.

Cet univers de sable et de pierres, cette absence de tout crée un sentiment de solitude...

Après avoir passé les montagnes Bleues, le train longe des terres cultivées qui s'étendent à perte de vue, croise des villes minières comme Broken Hill. Puis il traverse la région viticole d'Adélaïde, où il effectue une halte. On aborde ensuite un tronçon du parcours qui représente un record du monde, celui de la plus longue ligne droite : 478 km à perte de vue, sans un virage, sans même une courbe, l'infini ferroviaire. C'est la traversée d'un désert brûlant de soleil, le Nullarbor, ce qui signifie « sans un arbre ». Cet univers de sable et de pierres, cette absence de tout qui n'en finit pas de défiler à travers les vitres du train crée un sentiment de solitude proche de la désespérance, tant et si bien qu'à l'apparition de la première verdure le train entier applaudit aux retrouvailles avec la vie.

Le prochain arrêt significatif est la petite ville de Kalgoorlie. Nous sommes toujours dans une région désertique. Le terrain est tout aussi dénudé, excepté des touffes de buissons épineux et quelques cactus. Pourtant on a surnommé ce coin de l'Australie-Occidentale « le kilomètre carré le plus riche du monde ». Pourquoi ? L'or est la réponse. Kalgoorlie ressemble encore à une cité d'aventuriers du Far West, avec ses maisons de bois à étages, ses tavernes, ses éoliennes...

Tout commence en 1893. L'Australie a tout juste plus de cent ans. C'est dire que le pays est quasi inexploré. Cette année-là, un Irlandais recherchait de l'eau pour établir des pâturages à moutons. Et voilà que son cheval boite. « Une pierre dans un sabot », pense-t-il. Il met pied à terre et découvre, éberlué, que ce n'est pas une caillasse mais une énorme

pépite d'or. Comme il ne peut tenir sa langue, la nouvelle se répand à la vitesse de la bourrasque. À 800, 1 000 km à la ronde, les villages se vident de leurs hommes. Tout le monde se fait prospecteur. On vient d'Europe, d'Amérique. En dix ans, Kalgoorlie passe de quelques dizaines d'habitants à 30 000 et le désert alentour compte 110 000 âmes. Comme il n'y a pas d'eau sur place, on construit un pipeline de 565 km. Le précieux liquide met deux semaines à venir de la source. Et cela continue aujourd'hui, mais les grandes compagnies ont largement pris la place des prospecteurs à la recherche d'un filon chimérique.

À l'arrivée, nous avons accumulé une heure et demie de retard. C'est peu pour un voyage prévu en soixante-neuf heures. Perth est une ville moderne projetée en avant par un très large environnement minier. À quelques minutes de voiture, le port de Fremantle. Nous sommes sur la côte qui regarde vers l'Inde, l'Afrique, l'Europe. Je contemple le sillage argenté des bateaux qui s'éloignent de la rade. « Sillage » est bien près de « voyage » : les deux mots ont le même balancement phonétique, la même résonance poétique. Nous venons de traverser l'Australie de part en part.

Des poteaux indicateurs qui semblent perdus au beau milieu de nulle part rappellent à qui l'oublierait que le désert de ce continent immense est lui aussi habité.

3002
3007
eurostar

EUROPE

K.REİS
UNUT
İLKER

D'Istanbul à la Cappadoce

TURQUIE

Dans un fracas de ferraille assourdissant, des wagons de marchandises sont poussés sur un ferry qui, dans une heure, va quitter le port d'Istanbul pour l'Asie. Ils tressautent entre les rails du quai et ceux du bateau, crissent et grincent en s'arrêtant. Le soleil est éclatant et le vent furieux. Ce vent violent souffle presque en permanence sur le détroit du Bosphore où a été édifiée la cité d'Istanbul. Le convoi sera débarqué sur la côte asiatique de la Turquie en une heure et quart. Istanbul est la seule grande ville au monde à cheval sur deux continents. Servir de pont ferroviaire entre l'Europe et le Moyen-Orient, en être la plaque tournante, est la grande ambition des Turcs. Mais pour le moment, c'est encore un rêve frustré par les conflits endémiques en Israël, au Liban, en Iraq et en Iran. Au début des années 1980, tout commençait bien : 134 000 tonnes de marchandises transitaient alors vers l'Asie ; aujourd'hui, à peine 20 000. Le ferry se détache du quai. Je le regarde s'éloigner vers la rive asiatique.

D'Istanbul, je vais rejoindre la Cappadoce en passant par Éphèse. Mais je ne quitterai pas la ville sans avoir visité la basilique Sainte-Sophie – qui régna sur la chrétienté d'Orient avant de devenir mosquée après la conquête ottomane, en 1453. L'édifice impressionnant, bâti au VIe siècle, réussit ce prodige d'être imposant sans écraser et je le ressens dès que j'y entre. Une coupole de 31 m de diamètre, à une hauteur de 55 m, couvre l'immense nef. Des colonnes de marbre et de porphyre, par dizaines, soutiennent des galeries et des tribunes. Des mosaïques décorent les chapiteaux. Les lampadaires et les gigantesques chandeliers de bronze, les absides ajoutent à l'espace immense. Je suis saisi par la majesté du lieu et séduit par l'élégance des détails.

Double page précédente : une petite gare au cœur du massif anatolien.

L'élégante mosquée d'Ortakoy, rebâtie au XVIIIe siècle, semble prolonger le pont suspendu qui relie la côte européenne à la côte asiatique d'Istanbul, 63 m au-dessus du détroit du Bosphore.

L'Orient-Express avait autrefois son terminus à la gare de Sirkeci, à Istanbul.

Selon la légende, un ange fit don à l'empereur de Byzance des plans et des sacs d'or nécessaires à la construction. Mais contrairement à ce que nous croyons en Occident, la basilique ne fut pas dédiée à une sainte nommée Sophie mais à la sagesse divine, du grec *Sophia*.

En Turquie, seul l'express Istanbul-Ankara pousse des pointes à plus de 120 km/h...

Il est 8 h 10. Le train quitte la superbe Istanbul en direction d'Éphèse, sur la mer Égée. Ce train n'est pas direct, il me faudra donc emprunter une correspondance à Eskisehir pour rejoindre Selçuk, mais il est confortable, presque vide et son allure tranquille me permet de contempler les paysages cultivés de céréales, de légumes, d'arbres fruitiers... Comme la plupart des trains en Turquie, le nôtre ne dépasse guère les 50 km/h de moyenne. En fait, seul l'express Istanbul-Ankara pousse des pointes à plus de 120 km/h. Le réseau turc compte 8 549 km de voies ferrées, dont 963 seulement sont électrifiés. Les usagers se désolent des faibles investissements consentis par l'État : construire 5 km de routes coûte en effet moins cher que 1 km de voie ferrée. Si bien que 93 % des déplacements se font en autocar, presque aussi cher que le train, mais plus rapide, parfois d'ailleurs trop rapide, les chauffeurs aimant à battre des records.

Sans le réseau de chemin de fer, la partie la plus aride du territoire turc aurait été désertée depuis longtemps.

Je descend à la gare de Selçuk et cherche de quoi me restaurer. La nourriture turque est inventive. Avec les *börek*, ces chaussons de pâte fourrés de fromage et de viande, les brochettes, les boulettes, les hachis aux mille saveurs, les salades composées et les ragoûts hautement parfumés, les Turcs ont fécondé toute la cuisine méditerranéenne.

De Selçuk, un autobus me conduit aux ruines d'Éphèse, qui ne sont qu'à 3 km. Éphèse est un témoignage capital de la civilisation grecque, dont on oublie trop souvent qu'elle fut également développée hors d'Athènes, du Péloponnèse et des îles. On dit en plus que la Vierge Marie y serait morte. Ce lieu est donc un des creusets où naquit le monde occidental.

La ville antique s'articule autour du théâtre, un vaste hémicycle de gradins de pierre à ciel ouvert. Il pouvait contenir 25 000 spectateurs. Il faut dire qu'à son apogée, au IIe siècle, Éphèse comptait une population exceptionnellement nombreuse pour l'époque, 200 000 habitants. Saint Paul, le porte-parole tumultueux du christianisme, prêcha dans ce théâtre et ses propos incen-

diaires furent si violents qu'on l'emprisonna. Marchands, paysans, marins et caravaniers se pressaient dans la rue pavée qui longe le théâtre et qui ouvre aussi sur une vaste agora, où se tenait un marché bruyant. Gravée dans une dalle de cette rue, la marque d'un cœur, d'un portrait de femme et d'un pied indique la direction de ce qui fut un lupanar. Il est amusant de penser que nous avons là, probablement, le premier signe de circulation routière !
Depuis le théâtre, j'emprunte la rue des Courettes, la principale artère de la ville. Elle monte sèchement. Le soleil est brûlant. Je transpire. À un carrefour se dresse la bibliothèque de Celsius. Sa façade a été complètement reconstituée. Dans des niches veillent les statues de la sagesse, de la science, de l'intelligence et de la vertu. L'édifice contenait 12 000 rouleaux de textes à la disposition du public, preuve de l'intense activité intellectuelle de la ville.

Le train file à travers une steppe d'herbe rase, croisant des villages qui semblent désertés...

Je quitte Éphèse. Je dois reprendre un train afin de parcourir les 770 km qui me séparent de Kayseri, en Cappadoce. J'ai préparé minutieusement mon départ car il m'a fallu mettre au point une stratégie compliquée de changements de train pour atteindre le cœur de l'Anatolie, la partie montagneuse de la Turquie.

Le train n'a parcouru que quelques kilomètres depuis son départ, et déjà les paysages que je vois défiler depuis la fenêtre ont beaucoup changé. Le train file à travers une steppe d'herbe rase, vaguement vallonnée, croisant des villages massifs et gris qui semblent désertés. Les quelques rivières qui dessinent ces étendues infinies ne sont que des lits rocailleux. De rares chèvres paissent au hasard. Les paysans qui montent à de vagues stations et s'assoient près de moi m'observent sans dire un mot. Pas d'animosité ni même de curiosité apparente, seulement une observation continuelle, lancinante et tenace. Cette atmosphère étrange est renforcée par la nourriture frugale – pain sans levain, blé concassé, fromage sec et dur – que je trouve dans les gares de correspondance.

À Ankara, capitale de la Turquie, ville moderne et active, je change de train pour Kayseri. Nous pénétrons à nouveau dans des terres rudes et arides. Le wagon dans lequel je me suis installé est presque vide. Dans ce train ordinaire, au confort sommaire, il n'y a aucun wagon-restaurant, pas même de vendeur ambulant. Je suis certainement le seul passager occidental. Depuis mon départ d'Éphèse, j'ai dû changer plusieurs fois de train. Et pourtant, j'ai le sentiment de rouler toujours dans le même.

Après un voyage qui m'a semblé durer des jours, j'arrive enfin à Kayseri, ville sise au cœur d'une région au relief tourmenté, fruit de la rencontre du feu, de l'eau et de l'air. Aux temps géologiques, de gigantesques éruptions volcaniques ont couvert la contrée d'épaisses couches de cendres et de boues qui se sont solidifiées. Le vent et la pluie les ont sculptées selon leur humeur, créant des formes insolites et torturées.

À Ortahisar se dresse un monticule de 85 m de haut, semblable à une termitière... Seulement ce ne sont pas des insectes qui y vivent mais des gens qui y ont creusé des habitations. Les grottes sont innombrables.

Elles ont servi de refuge face aux invasions, mais aussi de paradis pour les ermites ivres de solitude des premiers âges de la chrétienté. Les monastères s'y sont multipliés. À Tokali Kilise, je me sens ermite moi-même lorsque, seul, je visite, lampe de poche à la main, la plus considérable des églises troglodytiques, la Sainte-Sophie de cet univers souterrain. Voûtes, encorbellements et chapiteaux défient l'équilibre. En fait, les colonnes peuvent être légères puisqu'elles ne supportent rien. Au pic, à la pioche, elles ont été ciselées, comme le reste. Tout est aussi couvert de peintures : des fresques sommaires, de couleurs simples – hélas passablement dégradées –, qui reprennent les thèmes de l'histoire sainte.

Pendant plusieurs jours, je vais d'une grotte à une autre. J'ai du mal à quitter cette région de falaises ravagées par le vent, de montagnes labourées par la pluie, où l'on nomme cheminées de fée les aiguilles de pierre tendre surmontées d'un chapeau de pierre dure.

Oui, il y a de la féerie en Cappadoce.

Du train défilent les splendides paysages d'Anatolie, une région aux sols pauvres et au climat rude, été comme hiver.

À gauche : en Cappadoce, le vent et la pluie ont sculpté une roche composée de tuf et de cendres volcaniques solidifiées.

L'Orient-Express

FRANCE, ITALIE

Tapis rouge et comptoir en acajou, hôtesses souriantes, porteurs de bagages attentifs… J'arrive sur le quai du Venice Simplon-Orient-Express, à la gare de l'Est, à Paris. Gentillesse, chaleur de l'accueil, tout ce monde me donne l'agréable impression de n'être là que pour moi. Au comptoir, je présente mon billet. On examine rapidement mon passe-port, une simple formalité.

Il est 9 heures du soir. C'est l'été. Il fait encore jour. Le Venice Simplon-Orient-Express entre en gare. Ses wagons brillent d'une couleur bleu et or. Il arrive de Calais, où il a embarqué les voyageurs venus d'Angleterre par le ferry.

Le Venice Simplon-Orient-Express est long de 400 m. Il est composé de 17 voitures, dont 3 wagons-restaurants et 1 piano-bar.

On a déposé mon bagage dans ma cabine. J'ai choisi une *single*. J'ai payé plus cher, mais je serai seul, avantage non négligeable. Les boiseries sont d'essences précieuses, agrémentées de décorations de fleurs en marqueterie. Je dispose d'armoires et d'un cabinet de toilette, mais pas de douche. Je m'en étonne. Le steward m'explique que la compagnie a voulu conserver intacts les wagons construits à l'époque glorieuse de l'Orient-Express, dans les années 1920. Noblesse oblige ! Et en ce temps-là, il n'y avait pas de douche dans les cabines.

L'image du mythique Orient-Express, qui accueillait les stars, les rois et les reines pendant les Années folles, revit aujourd'hui à travers le train Venice Simplon.

21 h 40, le train part. Je vais me changer dans mon compartiment. On frappe à la porte. C'est un maître d'hôtel qui vient prendre ma commande pour le petit déjeuner très français qui me sera servi au lit : « Café, thé ou chocolat ? » Il précise que les croissants et le pain seront frais. En effet, on les embarquera au petit matin lors d'une halte à Troyes. Il m'annonce au passage que c'est l'heure du dîner.

Il y a trois wagons-restaurants : le premier est décoré de laque de Chine, le deuxième en marqueterie, le troisième, réalisé par le célèbre René Lalique en 1929 avec des panneaux de verre représentant des bacchanales

Une marqueterie de 1926 signée René Prou, un maître de la période Art déco. La décoration de l'ensemble du train a été réalisée par les meilleurs artisans de l'époque.

de femmes, est digne d'un musée. Le wagon le plus récent date de 1931. Le train compte 17 voitures au total : 11 voitures-lits, 3 wagons-restaurants, 1 piano-bar et 2 wagons pour le personnel et les bagages.

On m'installe dans la « voiture Lalique ». Impressionné par le prestige de ce train fabuleux, j'ai revêtu un smoking. Or je découvre que la plupart des convives portent un simple costume-cravate. Hélas ! L'auréole de la légende s'estompe. Toutefois, les femmes en conservent la sensibilité. Il n'en est pas une sans robe du soir, colliers et bracelet de pierres précieuses : elles sont en parfaite harmonie avec le lieu.

Après un dîner digne d'un quatre-étoiles (lasagnes de saumon, magret de canard au foie gras, légumes de saison, pâtisseries fines) je me rends au wagon-bar, traversant des couloirs revêtus d'acajou et de palissandre, de bois de violette, de rose ou de citronnier. Il n'y a aucun détail tapageur. Le vrai luxe est discret. C'est un univers en soi, équilibré et mélodieux.

Je poursuis ma rêverie dans le confort ouaté du wagon-bar. Comme le monde extérieur, l'univers entier paraissent insignifiants ! Le pianiste joue un nocturne de Chopin. Il restera à son instrument tant qu'il y aura des voyageurs noctambules, jusqu'à 4 heures, 5 heures du matin s'il le faut.

Le 4 octobre 1883, le premier Orient-Express quitte Strasbourg pour Giurgiu, en Roumanie...

Ainsi vont les choses dans l'Orient-Express, cet ancêtre de tous les trains de luxe, devenu un mythe. Il est né de la passion d'un jeune ingénieur belge, Georges Nagelmackers, fils d'un banquier. Nous sommes dans les années 1870. Les trains de voyageurs n'existent que depuis trente ans. Aux États-Unis, un autre fou du rail, George Pullman, a conçu des wagons aux fauteuils confortables et y a ajouté des couchettes. Nagelmackers décide d'importer en Europe ce concept révolutionnaire. En 1872, il crée la Compagnie de wagons-lits – qui deviendra, en 1876, la Compagnie internationale des wagons-lits – pour placer ses sleepings sur de nombreuses lignes de chemin de fer. Fort de ses succès, Nagelmackers décide d'étendre le concept à un train entier,

La Madone des sleepings entrevoit dans ses rêves le beau ténébreux. L'affichiste Pierre Fix-Masseau, spécialiste de l'iconographie ferroviaire, a su capter l'esprit du célèbre roman de Maurice Dekobra.

COMPAGNIE INTERNATIONALE DES WAGONS-LITS ET DES GRANDS EXPRESS EUROPEENS
VENICE SIMPLON
ORIENT-EXPRESS
LONDON · PARIS · VENICE

composé de wagons-lits, avec le service et la restauration d'un hôtel de grand luxe : le 4 octobre 1883, le premier Orient-Express, appelé alors Direct d'Orient, quitte donc Strasbourg pour Giurgiu en Roumanie, via Vienne, Budapest, Bucarest, avec à bord quarante invités. Georges Nagelmackers avait alors 38 ans.

La suite est entrée dans la légende, celle qui est construite de noms célèbres et d'anecdotes époustouflantes. D'abord, les trajets : les destinations de Venise et Trieste furent ajoutées. On partait de Londres et de Paris, mais aussi de Berlin, de Vienne, de Bordeaux. Une extension, le Taurus-Express, permit de joindre Bagdad.

Et il y eut l'entrée dans l'Histoire, la grande, celle qui bouleverse la vie des nations. C'est dans la voiture n° 2419 D que fut signée, en 1918, à Rethondes, la reddition des Allemands. Hitler ne l'oublia pas. Il prit sa revanche. C'est dans le même wagon que l'armistice fut conclu avec les Français en 1940… une voiture détruite par les SS en 1944.

« Le train des rois, le roi des trains », proclament les affiches. Ce slogan publicitaire est né de l'engouement explosif que connut l'Orient-Express après la Première Guerre mondiale, au cours des Années folles. Après les massacres du terrible conflit vinrent l'insouciance et le luxe. Le roi Carol de Roumanie en était fou, tout comme Boris de Bulgarie ; Hailé Sélassié, l'empereur d'Éthiopie, l'emprunta comme, plus tard, la reine d'Angleterre et le général de Gaulle. Les vedettes d'Hollywood s'y précipitèrent. Il connut des personnages troubles, telle l'espionne Mata Hari, et de nombreux écrivains, Paul Morand, Somerset Maugham, Agatha Christie, qui y puisa l'inspiration de son fameux roman *le Crime de l'Orient-Express*. De fait, ce célèbre roman policier s'inspire de la réalité : au début de février 1929, l'Orient-Express fut bloqué à 130 km d'Istanbul par 5 m de neige, à - 25 °C. Il fallut attendre cinq jours dans le froid et la faim l'arrivée des secours. Mais il n'y eut pas de victime. Le meurtre, lui, n'est que pure fantaisie littéraire.

La dernière guerre, puis la guerre froide vont porter un coup fatal à l'Orient-Express. Amputé de nombreux tronçons, bientôt scindé en plusieurs trains, il perd de son lustre, décline lentement jusqu'à sa

Le wagon Phoenix pourrait être l'emblème de ce train qui a su renaître de ses cendres. Le wagon accueillit le général de Gaulle lors d'un voyage officiel en Angleterre, le 5 avril 1960.

À droite : créée en 1876, la Compagnie internationale des wagons-lits a exploité l'Orient-Express jusqu'à la fin des années 1970. Elle fait aujourd'hui revivre la légende avec son train privé, le Pullman Orient-Express.

disparition, à la fin des années 1970. La Compagnie internationale des wagons-lits se sépare alors de la plupart des wagons qui ont construit le mythe.

Mais son histoire ne s'arrête pas là. Tel le Phénix, emblème prédestiné de l'un de ses wagons, l'Orient-Express va renaître et connaître dès lors deux destins séparés. Passionné de chemin de fer, un homme d'affaires américain, James Sherwood, rassemble des wagons épars à travers l'Europe et, le 25 mai 1982, le Venice Simplon-Orient-Express roule sur les traces de son illustre prédécesseur. De son côté, la Compagnie internationale des wagons-lits met en circulation, en 1988, le Pullman Orient-Express, un train de luxe privé dont les wagons portent les noms évocateurs de Train bleu, Flèche d'or ou Étoile du Nord.

En février 1929, l'Orient-Express est resté bloqué par la neige pendant cinq longs jours, à 130 km d'Istanbul.
Un épisode célèbre de son histoire immortalisé par Agatha Christie.

Le train me dépose dans la ville même, à la gare de Santa Lucia, au bord du Grand Canal…

Et le train roule toujours ! Il est minuit quand je quitte le wagon-bar. Un voyageur a pris la place du pianiste et accumule les fausses notes. C'est une cascade d'éclats de rire. On danse aussi.

À 6 heures, comme je l'ai demandé, on m'apporte mon petit déjeuner. Dans le jour naissant, nous longeons le lac de Zurich, en Suisse. Lorsqu'on range ma cabine, nous sommes à Saint-Anton, en Autriche. Puis nous passons Innsbruck. Il est midi et demi, l'heure du déjeuner. L'ambiance est détendue : chemisettes, polos, robes de coton, pantalons de lin… On sent déjà le soleil et la chaleur de Venise. D'ailleurs, nous dévalons bientôt les vallées du Trentin, en Italie. Puis, comme nous passons Vérone, on nous sert le thé. Il est 17 heures. Et voici Vicence, Padoue… Nous approchons.

À 18 heures apparaît enfin la cité des Doges. Nous roulons sur le remblai au ras des eaux de la lagune. Le train me dépose dans la ville même, à la gare de Santa Lucia, au bord du Grand Canal. Ici, tout est décor. Venise est un théâtre à ciel ouvert.

Un rêve s'achève… Un autre commence.

Le Venice Simplon-Orient-Express termine sa course à la gare Santa Lucia de Venise. La ville féerique donne à la fin de ce fabuleux voyage une note enchanteresse.

Un train autour de l'Etna, le Circumetnea

Pour approcher au plus près l'Etna, le plus grand volcan d'Europe, magnifique et terrible, qui domine la Sicile du haut de ses 3 323 m, il faut emprunter un autorail des Ferrovie dello Stato : le Circumetnea. Il circule au pied du volcan sur un peu plus de 110 km.
Celui qui compte partir de Catane pour contourner le volcan via Bronte et Giarre ne doit pas chercher une gare, mais seulement un quai situé au croisement de la rue de la Liberté et du cours des Provinces. Depuis sa création, le parcours de la ligne n'a guère été modifié. En revanche, ce train contribua au développement de nombreuses villes siciliennes. Ce fut particulièrement le cas de Bronte. Lorsqu'un décret royal du 31 décembre 1883 déclara la naissance du Circumetnea, Bronte, ville de 20 000 habitants située au cœur de la Sicile, sortit enfin de l'isolement. Jusqu'alors, le transport des produits de la ville (pistaches, vin, amandes, légumes, huile et blé) vers Giarre ou Catane s'effectuait par des voyages de plus d'un jour en petites charrettes tractées par des mulets. Les commerçant de Bronte n'avaient d'autre choix que d'emprunter des routes et des chemins tortueux et peu fiables, aux fortes dénivellations avec le danger de voir surgir à la croisée des chemins les nombreux bandits qui infestaient la région.
Désormais, depuis plus de cent ans, l'autorail fraie son chemin entre laves séchées et orangeraies, au hasard des petites gares qu'il traverse.
Pour quitter Catane, le Circumetnea doit monter une pente très raide et il est souvent contraint d'interrompre son ascension à des croisements très souvent ignorés par les automobilistes ! Puis se succèdent, dans le lent cahotement de la locomotive Diesel et de son petit cortège de wagons, les magnifiques paysages de campagne volcanique. Au fur et à mesure que le train remonte vers Bronte, la végétation devient de plus en plus sauvage. Il atteint le point culminant de son trajet, à 976 m d'altitude, sur la commune de Rocca Calanna. Puis, passé Randazzo, la civilisation reprend ses droits. La descente presque ininterrompue jusqu'au bord de mer, achevant la boucle du parcours, préoccupe souvent les voyageurs. Mais aux dires des machinistes, les freins de l'autorail fonctionnent parfaitement bien !

ZONE EN SURETE ACCES INTERDIT
AREA UNDER SECURITY NO ACCESS ALLOWED
SICHERHEITSZONE ZUTRITT VERBOTEN
3216

L'Eurostar

FRANCE, ANGLETERRE

Gare du Nord, à Paris. Enceint dans le bâtiment très XIXe siècle, bâti de fonte et d'acier, l'immense hall d'embarquement de l'Eurostar, train qui relie Paris à Londres, a été habillé de légèreté, aluminium et verre, et de modernité. Récemment construit, il ressemble à un aéroport, comme si la vitesse et la mondialisation des moyens de transport créaient une esthétique commune. Le long du quai, qui a gardé la majesté des gares-cathédrales de l'époque Napoléon III, l'Eurostar attend. À chaque portière des premières classes, un steward accueille les voyageurs. En seconde classe, on s'installe tout seul dans son wagon. Le train est de couleur blanc cassé, avec une large bande jaune. Le sigle de l'Eurostar est bien visible : trois traits ondulés bleu nuit surmontés d'une étoile.

Arrivée d'un Eurostar gare du Nord, à Paris. Le train relie non seulement Paris à Londres, mais aussi Londres à Bruxelles.

Il est 7 h 16. Nous sommes partis. Le trajet durera trois heures. Le train est un TGV de 400 m de long, 18 voitures et 766 places assises. À côté de moi, un homme d'une quarantaine d'années, le visage plutôt jovial, ouvre son ordinateur. Il travaillera pendant tout le voyage. Il n'est pas seul, loin de là. Un bon tiers des voyageurs font du train une succursale de bureau. Ils tapent sur le clavier de leur machine, fixent des rendez-vous, téléphone portable à l'oreille, ou dictent du courrier. Grâce à l'Eurostar, Londres est devenue la grande banlieue de Paris, comme Paris l'est de Londres. On aurait pu penser que l'avion garderait la faveur de tous ces hommes d'affaires, la durée du vol n'étant que de cinquante minutes. Mais on perd trop de temps dans les embouteillages entre le centre d'une ville et l'aéroport, sans compter les retards de vol. C'est principalement pour cette raison que l'Eurostar détient 64 % du marché du transport de voyageurs entre Paris et Londres. Et ces chiffres sont en constante augmentation : trois millions de voyageurs en 1995, la première année de trafic véritable… Sept millions en l'an 2001, bientôt dix.

Le wagon-bar où je vais prendre mon petit déjeuner est pris d'assaut par les touristes : d'inévitables Japonais, que l'on voit partout lorsqu'on voyage en Europe, des Italiens bruyants, un bon nombre d'Anglais, qui ont passé quelques jours à Paris, et des Français, bien sûr ! On fait la queue au comptoir, où l'on vend sandwiches et boissons, et on se restaure debout à de hautes tables rondes.

Il n'en est pas de même en première classe. Le confort discret des secondes classes se transforme, ici, en un luxe affirmé. La couleur des wagons passe d'un gris léger à une tonalité bordeaux chaleureuse. Les sièges, plus larges et rehaussés d'oreillettes pour mieux dormir, sont disposés en rangées de six – quatre et deux, séparés par le couloir –, tandis que les secondes ont huit sièges – quatre et quatre. Des journaux offerts par la compagnie attendent sur chaque siège. En première, pas de wagon-bar : des hôtesses vêtues d'un costume bleu marine et de chemisiers à pois bleus servent à la place, quelle que soit l'heure du départ du train, un repas complet composé d'une terrine de saumon, d'un suprême de poulet ou d'un filet de poisson au miel, de fromage et d'une tartelette. Thé, café, vin et champagne sont gratuits et à volonté. Ce repas est compris dans le prix du billet, 50 % plus cher en moyenne que celui de seconde classe.

L'idée de relier l'Angleterre et la France au moyen d'un tunnel date de 1751...

Sous un ciel gris et chagrin, le train file à travers la plaine des Flandres. Des nuages bouchent et noircissent l'horizon. La pluie de la nuit précédente a laissé de larges flaques d'eau sur les champs et les rivières débordent. Nous roulons depuis deux heures quand les haut-parleurs du train annoncent l'entrée dans le tunnel sous la Manche. C'est le moment du voyage que tout le monde attend. Il faut dire que ce tunnel est le fruit d'une longue série d'aventures...

En 1751, sous le règne de Louis XV, dans l'atmosphère ouatée des salons de Versailles, des gentilshommes à perruque poudrée commentent le résultat d'un concours lancé par l'académie d'Amiens. Un certain Nicolas Desmaret a vu couronnée son idée d'un tunnel pour améliorer les relations avec l'Angleterre. Tout est prévu. Le creusement se fera à la bêche et à la pioche, l'éclairage, à la bougie et le moyen de transport sera le

En trois heures au départ de Paris, les hommes d'affaires français et anglais rejoignent la City, le quartier des affaires de Londres.

carrosse ; l'aération sera assurée par des cheminées surgissant de la mer. Desmaret ne doute de rien ! Mais des mimiques amusées enterrent le projet. Puis en 1802, tout recommence. Napoléon, qui songe à rétablir la paix entre la France et l'Angleterre, renoue avec l'idée d'un tunnel sous la Manche. Mais les hostilités reprennent et le projet s'empoussière à nouveau. En fait, on pense toujours souterrainement au meilleur moyen de relier les deux pays, les utopistes s'échauffent : un tunnel, un tube posé au fond de la mer ou encore flottant entre deux eaux, un viaduc, ou une digue avec des écluses… Les matériaux passent de la pierre de taille à la brique, puis à la fonte et à l'acier. Au total, on compte cent trente-huit projets, dont certains des plus farfelus, tel un pont suspendu à des ballons captifs !
Pendant la seconde moitié du XIXe siècle, Napoléon III et la reine Victoria, l'impératrice des Indes, décident enfin la construction du tunnel. Les travaux commencent en 1878, sous la IIIe République, mais sont abandonnés en 1883, après que 2 km ont été creusés de part et d'autre. La puissante marine britannique, soutenue par les milieux économiques

À gauche : le profil aérodynamique du TGV, paré des couleurs de l'Eurostar. Les prouesses techniques du prodigieux train à grande vitesse n'éclipsent en rien le fabuleux défi représenté par la construction du tunnel sous la Manche.

La gare de Waterloo, à Londres, déploie une structure en toile d'araignée, légère et élancée.

londoniens, a joué de tout son poids pour conserver la suprématie du transport commercial franco-britannique. Il faudra attendre 1955 et toute l'habileté de Winston Churchill pour que le projet revienne au-devant de la scène, malgré une puissante opposition.

Le 1er décembre 1990, au terme de huit années de travaux, de 20 millions de mètres cubes déplacés, du concours financier de 220 banques, mais aussi de 9 morts, un Anglais d'un côté et un Français de l'autre font tomber le dernier pan de craie et se serrent la main. Le guidage par satellite ne s'est trompé que de 8 cm en hauteur et de 30 cm en largeur. Le 6 mai 1994, le « chantier du siècle » est achevé et l'Eurotunnel inauguré. Le 14 novembre suivant, le premier Eurostar s'élance, l'orgueilleux défi est enfin gagné.

Nous roulons sous la mer à la vitesse de 144 km/h, à 100 m de la surface, à 40 m sous la terre. La longueur du tunnel est de 50 km, dont 38 immergés. Nous filons dans une couche géologique vieille de 95 millions d'années, de la craie bleue, un mélange de calcaire et d'argile. Sortis du tunnel, nous sommes en Angleterre. Là, tout change. Nous abordons une voie normale et la vitesse de l'Eurostar devient celle d'un train ordinaire. Adieu aux 300 km/h de la partie française. On a largement le temps d'admirer les prairies vallonnées de la province du Kent.

Avant d'arriver à Londres, on ralentit encore, même les trains de banlieue nous doublent maintenant. Le train s'arrête enfin en gare de Waterloo. En 2007 – c'est juré ! –, les Anglais auront terminé de construire une voie rapide, et le trajet Paris-Londres sera réduit de quarante minutes. Décidément, l'avion a du souci à se faire !

Du chemin de fer atmosphérique de Saint-Germain-en-Laye au Swiss-Métro

Le concept est simple : on place le train dans un tube que l'on vide de son air. Le train qui se trouve ainsi aspiré peut rouler facilement.
C'est selon ce principe que fut conçu le train reliant Paris à Saint-Germain-en-Laye.
En fait, l'idée n'était pas neuve. En 1687, le génial Denis Papin, qui discerna le premier la force élastique de la vapeur et réalisa la première Cocotte-Minute, y avait déjà pensé. Mais les techniques de son époque ne lui permirent pas d'appliquer son idée.
En effet, la réalisation de ce projet n'était pas facile et bien des inventeurs se sont arraché les cheveux. Tout le monde était d'accord pour que le tube contienne un piston arrimé à un wagon, mais comment conserver l'étanchéité du tube puisqu'il devait être sillonné par le piston dans sa marche ? On trouva enfin la solution par un jeu subtil de soupapes et de clapets. La preuve en fut faite, en Irlande, en 1843.
La France, enthousiasmée par cette idée géniale, la reprit pour le chemin de fer de Paris à Saint-Germain-en-Laye, le premier à transporter des voyageurs dans l'Hexagone, mais qui malheureusement n'atteignait pas sa destination ! Le train était obligé de s'arrêter au village du Pecq, en bas de la haute colline où est situé Saint-Germain.
Aucune locomotive n'avait alors la force de grimper la pente.
Des crédits furent débloqués : pour 1 790 000 francs-or – une énorme subvention –, un tube de 63 cm de diamètre fut posé sur une distance de 2,2 km.
Et ce ne fut pas qu'une curiosité scientifique : les trains roulèrent dans ce tube de 1847 à 1859.
Mais les colossales machines aspiratoires installées dans la gare de Saint-Germain-en-Laye ne fonctionnaient effectivement que quelques minutes par heure et l'installation avait été un gouffre financier, 6 millions de francs-or, c'est-à-dire plus du triple que prévu. Un calcul peu rentable, et même déficitaire au quotidien…
D'autant plus qu'on avait mis au point, pendant ce temps, des locomotives qui escaladaient facilement de telles pentes.
Le « chemin de fer atmosphérique de Saint-Germain » avait vécu.
L'idée est-elle définitivement abandonnée ? Pas si sûr…

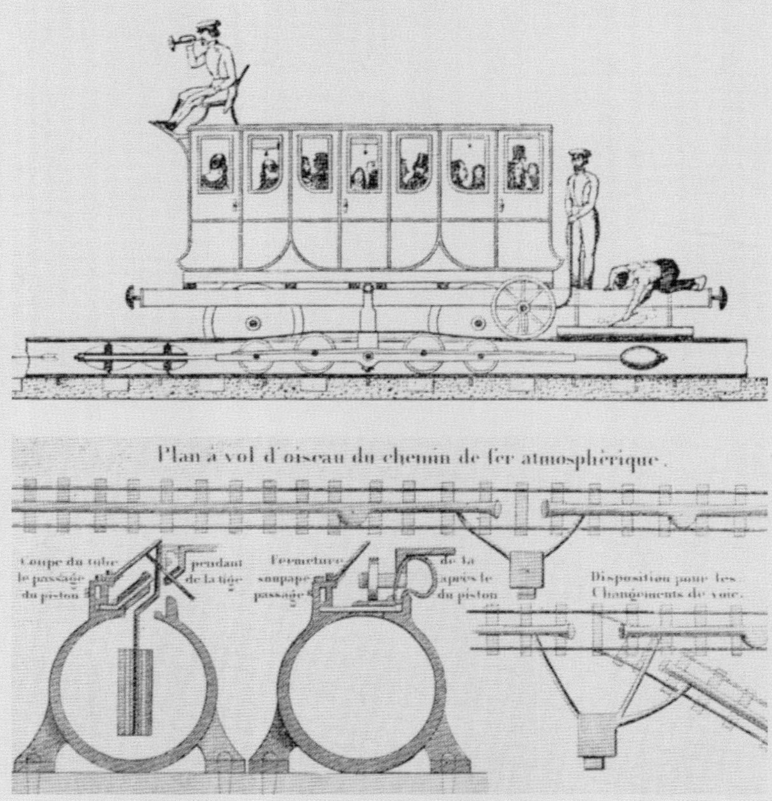

Dessin de la voiture directrice et plan des voies, coupes de tubes et embranchements du chemin de fer atmosphérique.

Les Suisses sont sur le point de nous surprendre avec un projet ferroviaire révolutionnaire : créer un métro souterrain roulant à 500 km/h et qui relierait les grandes villes du territoire.
Il faut dire qu'avec 41 000 km^2 de superficie seulement et des villes comme Genève, Lausanne, Zurich et Berne, distantes de 40 à 80 km, le pays se prête à un tel projet : deux tunnels pour chaque sens à 40 m de profondeur. Rien n'est en surface, c'est donc véritablement un métro. Dans ces tunnels, un vide partiel correspond à l'état de l'atmosphère à 15 000 m d'altitude.
Cette idée révolutionnaire et futuriste est en fait directement inspirée… du vieux rêve de Denis Papin !
Ce concept a l'avantage de faire économiser énormément d'énergie, à savoir l'électricité.
Les véhicules sont propulsés par moteur linéaire et maintenus au-dessus de leur support par une force magnétique. Cette technique a été maîtrisée en Allemagne et au Japon. La fréquence des convois irait jusqu'à 8 trains à l'heure, soit un toutes les sept minutes et demie.
La préétude a pensé à tout. Des immenses machines à creuser, appelées tunneliers, ont prouvé leur efficacité dans le percement du tunnel sous la Manche.
D'ailleurs le diamètre de l'ouvrage est classique : moins de 5 m.
Les véhicules sont du type cellule d'avion pressurisée – ici, rien de nouveau.
Le gain de temps serait énorme avec ce genre de train. Actuellement, il faut cent soixante-quinze minutes aux trains ordinaires pour aller de Genève à Zurich. Avec le Swiss-Métro, cinquante-sept minutes suffiront.
Restent la durée des travaux et leur coût : quinze ans et 2,5 milliards de francs suisses pour une première étape de 70 km.
De quoi donner à réfléchir !
Mais le XXIe siècle n'est-t-il pas celui de toutes les audaces ?
Bonne chance au Swiss-Métro !

De la série télévisée au livre

Ce livre n'existerait pas si notre rencontre n'avait donné naissance à l'idée d'une série de télévision, *Des Trains pas comme les autres*, commencée avec passion il y a maintenant plus de quinze ans. C'est le bonheur de partager ce que nous avons ressenti au cours de tous ces fabuleux voyages qui nous a conduits à écrire ce livre ; c'est aussi le désir de révéler ce qui nous a surpris, ce qui nous a émus.

Nous tenons à remercier ici les directions d'Antenne 2 puis de France 2, dont l'intérêt et le soutien ne se sont jamais démentis au cours de notre longue collaboration. Toutes nos pensées vont aussi aux téléspectateurs pour leur fidélité sans cesse renouvelée. Et comment oublier les cheminots du monde entier, qui nous ont réservé un accueil fraternel et apporté un soutien constant. Ils nous ont toujours reconnus comme étant des leurs. C'est, à nos yeux, un insigne honneur. Merci également à la vingtaine de pays à travers le monde qui a choisi de programmer la série et aux éditions Montparnasse, qui ont été les premières a nous accueillir.

Notre reconnaissance va également aux administrateurs et aux techniciens de l'image et du son, aux éclairagistes, aux monteurs… Merci tout particulièrement à Geneviève Broust, Bruno Henry, Jean-Louis Melin, Émile Navarro, Jacques Vaissière, Noël Allaire, Dominique Brimaud, Martine Périn, Liliane Lifchitz, à tout le personnel de France 2 et à tous ceux qui, au gré des tournages, nous ont aidés à mener à bien ces trente-cinq films, sans lesquels ce livre ne serait jamais né.

BERNARD D'ABRIGEON, réalisateur, a été l'assistant de Jean Prat et de Stellio Lorenzi. Il est l'auteur d'un grand nombre de reportages politiques ou sociologiques pour diverses chaînes de télévision.

FRANÇOIS GALL, producteur de nombreuses émissions télévisées, a été correspondant de l'agence Reuter en Extrême-Orient et grand reporter à France-Soir. Il est également écrivain et essayiste.

Depuis 1985, ils se sont tous deux lancés dans l'aventure « Des Trains pas comme les autres », une série documentaire à travers les cinq continents.

Crédits iconographiques

Toutes les photographies du livre sont de Bernard d'Abrigeon, sauf :

Archipel studio : page 221.

Archives d'Outre-Mer d'Aix-en-Provence : pages 166-167a, 168-169.

Canadian Pacific Corporate Archives : pages 74-75a, 75.

Aline Coquelle : pages 98, 99, 100, 101, 105.

DIAF
Bruno Barbier : pages 102-103a, 104, 178 ;
C. Bowman : pages 102-103b ;
M. Schoenahl : pages 108-109 ;
Ben Simmons : page 151 ;
Nik Wheeler : page 14.

Eurostar Group Limited : pages 218-219b.

Frank Fouquet : page 25.

GETTY IMAGES FRANCE
Mahaux : pages 90-91 ;
Siqui : pages 218-219a ;
B. Thomas : pages 68-69b.

Graphi-Ogre : carte pages 4-5.

HOA-QUI
T. Borredon/Explorer : pages 106-107 ;
G. Boutin : page 134 ;
J. Dugast : pages 120-121 ;
J. Horner : pages 126-127 ;
C. Pavard : page 15 ;
L. Rebmann/Explorer : pages 154-155a ;
M. Renaudeau : pages 38, 42-43 ;
Paul Van Riel/Explorer : pages 152-153a, 154-155b ;
Christian Sappa : pages 186-187 ;
P. de Wilde : pages 21, 22, 28-29a, 172, 176-177a.

Kenya Railways : pages 23, 24ab, 26-27b.

Richard Manin : couverture.

RAPHO
Michael Abrahams/Network : pages 12-13, 30-31a, 32-33 ;
M. Bertinetti : pages 40-41a ;
Boireau : page 110 ;
Fouad Elkoury : page 203 ;
Jordan/Network : page 212 ;
Roland Michaud : pages 122, 125a ;
Jonathan Olley/Network : page 220 ;
Christopher Pillitz/Network : pages 84-85 ;
Kenneth Poulsen : page 216 ;
Gérard Sioen : pages 200-201, 202, 204-205, 206-207ab ;
Bill Wassman : pages 18-19b, 166-167b.

TOP
Nigel Blythe/cephas : page 150 ;
Christian Sappa : pages 184, 189, 192-193.

Union Pacific Railroad : page 65.

Via Rail Canada Inc : pages 72 (Matthew G. Wheeler), 78a, 78b (Hugh Martel), 79.

VIE DU RAIL
Christian Besnard : pages 46-47, 49 ;
J.-L. Carrucio : page 65 ;
Moctar Kane : page 53 ;
Marini : page 215 ;
Marc Mellet : pages 62-63, 112, 114-115 ;
C. Recoura : pages 66-67, 68-69a ;
André Richard : pages 194, 195, 196-197 ;
Marc Tournebize : pages 64, 70, 71, 76-77.

Venice Simplon-Orient-Express Ltd : pages 143, 144, 209, 210, 211, 214b.

Wagons-Lits Diffusion : pages 208, 212-213ab.

Liste des textes écrits par François Gall

Liste des textes écrits par Bernard d'Abrigeon